JN197186

マルクス主義入門

第五巻

# 反労働者的イデオロギー批判

黒田寛一

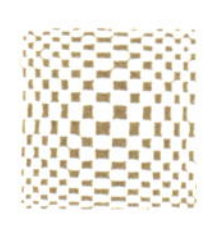

KK書房

# 『マルクス主義入門』全五巻発刊にあたって

反スターリン主義運動の創始者であり〈変革の哲学〉の探求に生涯を捧げた哲学者である黒田寛一は、生前、多くの労働者・学生にたいしてマルクス主義の入門講演をおこなった。その貴重な記録を集成した『マルクス主義入門』全五巻をここに発刊する。

「人間は何であり、また何であるべきか」という若きマルクスの問いかけを同時におのれのものとして、マルクスの人間解放の思想を現代的に実現することを終生追求した黒田。彼は、既成の「マルクス主義」がニセのマルクス主義でありスターリン主義でしかないことを赤裸々にしながら、現代における人間疎外を真実に超克することをめざして学問的格闘と革命的実践に身を投じてきた。力強く情熱あふれる黒田の講演・講述は、半世紀の時を隔てた今日において、ますます重要で価値あるものとなっている。それは、戦乱と排外主義的ナショナリズム・貧困と格差の拡大におおわれた暗黒の時代というべき今を生きるすべての人々をかぎりなく鼓舞してやまない。黒田は、考える力と変革的実践への意志を育むべきことを熱く訴え、教えている。

本シリーズは、一九六二年秋に五回にわたって連続的に開催された「マルクス主義入門講座」を中軸にして編成している。

「戦後最大の政治闘争」と称され空前のもりあがりをしめしつつも敗北した六〇年安保闘争をつうじて、既成左翼の指導性の喪失が、とりわけ「日本共産党＝前衛」神話の崩壊があらわとなった。このもとで黒田は、マルクス主義を学ぼうとする学生・労働者に「われわれの運動が新しいとは、どういう意味なのか」と問いかけ、「一九五六年のハンガリー革命を主体的にうけとめることによって勃興した日本における反スターリン主義運動がなければ六〇年の闘いはなかった」と訴えた。「社会主義」ハンガリーにおいて労働者が武装蜂起し、ソ連邦の軍隊が血の弾圧を加えた、この画歴史的事件に、黒田は全世界でただひとり、共産主義者としての生死をかけて対決し反スターリン主義運動を創始したのであった。この闘いこそが「現代革命思想の転回点」を画したのである。このような反スターリン主義運動とその理論の創造過程を追体験的に反省し主体化することをうながすこと、これが「入門講座」をおこなった黒田の問題意識である。この意味で、本シリーズは「革命的マルクス主義の入門」書といえる。

第一巻「哲学入門」において黒田は、マルクスの哲学ならぬ哲学、変革の哲学としてのその性格を明らかにするとともに、直面する現在的の諸問題と対決し自分自身がどのように生きるのかを学生・労働者に問いかけながら「いかにマルクス主義を学ぶのか」「ものの見方・考え方はいかにあるべきか」を追求している。第二巻「史的唯物論入門」、第三巻「経済学入門」、第四巻「革命論入門」、第五巻「反労働者的イデオロギー批判」。――これらをつうじて、黒田は、哲学、経済学、国家＝革命論、社会主義社会論などのすべての理論領域においてスターリン主義者がいかにマルクス主義を歪曲し破壊したのかを、またマルクスのマルクス主義をどのように現代的に展開してゆくべきなのかを鮮明にしている。そのための立脚点を、彼は〈革命的マルクス主義の立場〉と規定している。平易で豊かな表現と独特の語り口調をもまじえた講演・講述には、黒田の「主体性の哲学」がつらぬかれているのである。

労働者階級の真実の解放のためにたたかいつづけた革命家にして哲学者・哲学者にして革命家である黒田寛一の講演・講述は、二十一世紀現代に生き苦闘するすべての労働者・人民にとって、思想的な羅針盤となりバネとなるにちがいない。

二〇一八年五月

黒田寛一著作編集委員会

# 編集委員会註記

一　「反労働者的イデオロギー批判」は、一九六二年十二月九日に東京工業大学化学階段教室で開催された第五回マルクス主義入門講座の講演である。一連の入門講座のしめくくりとして黒田は、現代のスターリン主義と社会民主主義などを「労働者の理論といわれているものが実はそうではない」と批判し、反スターリン主義の立場と理論の優位性と独自性を説いている。この講座は、革共同内の革命的分派結成を黒田が決意した、その直後に実現された。黒田の講演につづいて、12・14運転保安闘争にむけて国鉄労働者の決意表明がおこなわれた。

一　「小ブルジョア・ラディカリズム批判」は、一九六九年六月十五日に開催された〈安保粉砕〉革共同政治集会での講演で、二日前に録音された。反代々木行動左翼の破産を暴いている。

一　「現段階における党派的イデオロギー闘争の核心は何か」は、一九七〇年九月二十六日の全学連中央総決起集会にむけて二日前に録音された。中核派による海老原君虐殺への小ブル諸派の沈黙を弾劾し、「被抑圧民族迎合」主義への転落を理論的に抉りだしている。

一　「沖縄の仲間たちへ」は、一九六九年十一月九日の沖縄マルクス主義者同盟政治集会へのメッセージである。十一月四日付の録音テープの清書原稿を黒田が直筆で校閲したものである。

一　講演の文章化にあたっては、黒田の用字・用語法に従った。明らかな言い間違いは訂正した。

一　見出しは編集委員会がつけた。

一　編集委員会による補足は〔　〕で記し、同じく註は＊で記した。

# 反労働者的イデオロギー批判／目次

装丁　多田　進

# 反労働者的イデオロギー批判

どうも風邪をひいちゃって、でかい声が出ないですから聴きづらいかも知れないけども、まあ、聴いてください。

きょうは一応、入門講座の最後の日であるわけだけども、「反労働者的イデオロギー」という問題について喋っていきたい。この問題をやるためには、かなり、いままで喋ったことと重複せざるをえない。なぜなら、われわれの理論を展開する場合に、同時に、当然にも他党派にたいするイデオロギー闘争をつうじてのみわれわれのポジティブな理論展開はなしとげられる。そういう理由で、かなり経済学とか……［テープが途切れている］……重複する部分があるけれども、とにかく他党派のイデオロギーを批判することをつうじてやっていきたい。

## I　現段階における反労働者的イデオロギー

「反労働者的イデオロギー」などという名前をつけなければならないというのはなぜかというならば、こんにち「労働者のイデオロギー」あるいは「労働者の理論」と言われているものが実はそうじゃないんだ、そういう状態におかれていることがわれわれの現在の思想状況である。一般にイデオロギーというのは何なのかということは、すでに「史的唯物論」のときに、第二回目のときに喋ったが、これを再びくり返す。*

＊　第二回マルクス主義入門講座「史的唯物論入門」、『革マル派　五十年の軌跡』第四巻（あかね図書販売）に収録。

## イデオロギーとは何か？

いうまでもなく、イデオロギーというのは、最初は虚偽の意識形態あるいは観念形態というかたちで使われてたわけだな。「ドイッチェ・イデオロギー」というかたちに出てきたのが最初の使い方なんだけども、その場合には、ドイツの虚偽の、嘘っぱちの観念形態という意味に使われたわけなんだ。

このイデオロギーというのは何なのかという点をもうちょっと言っとくと、意識の内部の問題、意識内容の対象化された形態［をいう］。だから意識そのものはイデオロギーじゃないんだな。意識の対象化された形態、だからそれを意識形態あるいは観念形態と呼ぶ。だから、意識というのはここだ［頭を指でさす］、ここで考えている流動的なものはイデオロギーとは言わないわけだよ。頭のなかにあるものの、つまり考えていることを外へ出して形態化したもの、それがイデオロギー、あるいは観念形態、意識形態。だから、観念形態、意識形態というものと、意識あるいは観念というものとは区別しなきゃいけないな。形態がついてるのは、頭のなかにあるんじゃなく、頭のなかから対象化されたものを観念形態という。

ところで、そういう頭のなかから対象化された観念形態は、再び頭のなかに入れられるわけだ。オルグられていろんなマルクス主義の理論を入れられるということは、すでにイデオロギー、観念形態として固定化されているものが、頭のなかに反映されるわけだな。だから、この点をごっちゃにしちゃ駄目だよ。

まず、人間がいる、と。このなかで考えたことを対象化する。そうすると、ここに観念形態としての理論ができる。そうすると、できた理論をBという人間が学ぶ。そうするとBという人間の意識のなかに観念形態としてのイデオロギーが反映されるわけだ。そして、だから具体的には、諸君がマルクス主義という理論を学ぶという場合には、マルクスというヒゲダルマが対象化した理論、それをだな、われわれがつかみとるというふうにね、とらえなきゃならないわけだ。そういうふうに、いま言ったことは根本的なかたちだな。意識、その対象化形態としてのイデオロギーあるいは意識形態、観念形態というもんだな、その対象化されたイデオロギーを反映し主体化する。こういう構造をね、はっきりつかんでおいてほしいな。

　ところで、いま言ったのは本質的な形態なんだが、イデオロギーというものは根本的には嘘っぱちのイデオロギーとしてうまれたわけだ。これを「虚偽の観念形態」というふうに言うんだな。「ドイッチェ・イデオロギー」という場合には、ドイツの嘘っぱち、あるいは虚偽の観念形態という意味である。ところが、そういうイデオロギーというものが、なぜ嘘っぱちになるのかというならば、現実の生活諸関係、生産諸関係から切り離されてそれ自体が独立化させられる。そういうところからして、頭のなかでうみだされたものが観念的なものになってしまうんだ、というふうに暴露したのが『ドイツ・イデオロギー』という本だということは、諸君はすでに知っているわけだ。

　で、マルクスの段階においては、「イデオロギー」という言葉は嘘っぱちの観念形態、虚偽の観念形態というふうにとらえられていたんだが、レーニンの段階になって「マルクス主義のイデオロギー」あるいは「社会主義のイデオロギー」という言葉が使われはじめた。これはどういう意味かというならば、ブルジョアジーの嘘っぱちのイデオロギーにたいして本当の理論を、プロレタリアートが自分自身の解放をめざす理論をつくりださなければならない、と。虚偽のイデオロギーにたいして真理をあらわすイデオロギーという意味において、レーニンは

「社会主義のイデオロギー」「マルクス主義のイデオロギー」「プロレタリアのイデオロギー」という言葉を使ったわけだ。

このことは、マルクス・エンゲルスによってつくられたマルクス主義という理論がマルクス・エンゲルスの独自の天才的な頭脳からうみだされたのではなく（もちろん、うみだされたんだけどな）、根本的には、いままでの全人類の嘘っぱちのイデオロギーの内部に包まれている本当のもの、嘘っぱちのイデオロギーの内部につくられてきた本当のものを受け継ぐと同時に、さらにそれを新しくつくっていったという関係をあらわしているわけだな。マルクス・エンゲルスが頭のなかでぴょっと考えたことではなく、みんなもうレーニンが「三つの源泉」という論文で書いているように、イギリス古典経済学、ドイツ観念論そしてフランス空想的社会主義、そういう「三つの源泉」といわれる理論的な伝統、学問的伝統、そういうのはさまざまなブルジョア的な歪みをもっている。その意味では全体としては虚偽のイデオロギーであるけれども、そういう全体としては虚偽のイデオロギーのなかから真理をあらわすもの、真理として妥当する本当の革命的な理論、それがつくりだされたわけだ。

＊「マルクス主義の三つの源泉と三つの構成部分」『レーニン全集』第十九巻（大月書店）

だから、マルクス主義の理論のことを「プロレタリアのイデオロギー」あるいは「社会主義のイデオロギー」とレーニンが呼んだ場合には、それは虚偽の観念形態という意味ではなく、それがうみだされてきたところを指ししめしているというふうにとらえた方がいいと思う。

　そもそも、人間の自己疎外、資本制的搾取というものの変革は、搾取という現実にふまえることなしには、そういう変革がでてこなかったと同様に、プロレタリアートの世界観というのも、疎外されたさまざまな思想のなか、それを通してうみだされてきたわけだ。そういう意味で、ブルジョア社会学者が使うように、「イデオロギー」という言葉は科学をふくまない観念的な嘘っぱちなもんだ、というふうに単純にやってはならない。いわゆる、諸君らが大学なんかで教わる社会学というのは、要するにイデオロギーというのは嘘っぱちのものというふうにとらえられているけれども、マルクス・レーニン主義の場合のイデオロギーはそういうふうに単純にはいえないわけだ。この点については、『社会観の探求』〔増補新版『社会の弁証法』〕のたぶん一〇六ないしは一〇七節のあたりの註をとくに読んでほしいと思う。

　こういう、人間がうみだしたさまざまの観念形態を上部構造としてとらえかえす、つまり生産関係、ブルジョア的生産関係の産物としてとらえかえし、それを批判するのがマルクス主義であるわけだ。こういう原則的な立場を〔確認し〕、今日のイデオロギーというふうな問題にさらに入っていくことにしよう。

## 反労働者的イデオロギーの現段階的特殊性

現段階におけるイデオロギーというのは、さまざまのかたちで言われている。一番最初に言ったように、今日「労働者のイデオロギー」あるいは「労働者の世界観」と言われているもの、あるいは「マルクス・レーニン主義」というふうに言われているものが実は嘘っぱちなんだ、「労働者の世界観・理論をあらわす」と言われているものが嘘っぱちだ、と。こういう現実に僕たちはおかれているわけなんだ。

ロシア革命の以前のレーニンにとっては、第一次世界戦争を美化した第二インターナショナル、つまり第一次世界大戦が勃発して「祖国防衛」の立場に転落していった第二インターナショナル、社会民主党のそういう民族主義・愛国主義・祖国防衛主義、そういうものはプロレタリアの基本的立場をつらぬくものではない。それは、マルクス主義とはまったく外れてしまっている、というかたちでレーニンがたたかった。そして第三インターナショナル、いわゆるコミンテルンをうちたてなければならなかったわけだ。

ところが、現段階におけるわれわれは、ただたんに社民イデオロギーの暴露だけでは足りなくなった。レーニンがつくりあげたあの第三インターナショナル、コミンテルンをささえていたマルクス・レーニン主義の根本的な思想、こいつがおかしくなっている。このことを、おかしくなったやつをスターリニズムというふうに簡単に言っているわけなんだが、レーニンの精神を受け継いだといわれているところのもの、代々木〔共産党〕の諸君が言うところの「マルクス・レーニン主義」と、われわれの言う「マルクス・レーニン主義」とはまったく違うんだ。こういうことは、かなり理論的に高度な問題であるわけだな。だから、代々木の民青なんていうのは、若い連中なんていうのには「俺はマルクス・レーニン主義だ」と言われるけど、「マルクス・レーニン主義なんて、おめえ二つあるんだぞ」というふうに民青の諸君に言うと頭にきちゃうわけだな。そして、「本当のマルクス・レーニン主義とはこういうもんだ」というかたちの理論闘争を諸君自身がやってるわけだ。

レーニンの段階においては、社会民主主義、第二インターナショナルの暴露で足りたけども、今日のわれわれは、代々木などのスターリニストが言っているところの「マルクス・レーニン主義」はまったく嘘っぱちなんだ、と。この嘘っぱちだということは、ただたんに理論的に明らかにするだけではまったく不十分である。現実におこなわれている闘争を、スターリニスト代々木がどのような恰好で労働者の利害を代表していないのか、あるいは本当に労働者のためにたたかっていないのかということを現実に暴露することをつうじて、さらに代々木や社会党の路線がなぜおかしいのかという点にまで理論的に掘りさげていかなければならない。

当面、こういう入門講座においては、具体的な闘争における社共両党の反労働者的な行為それ自体について詳しくふれるわけにはいかない。そういう反労働者的な行為を暴露するための踏み台となり、どういう観点から彼らの誤謬を暴露していったらいいだろうか、そういう理論的に根本的な事柄についてふれるにすぎない。

だから、今日われわれが「反労働者的イデオロギー」というふうに言った場合に、まず第一の根本的なものは、レーニンが知らなかったところのスターリニズムというイデオロギーが、まず第一に暴露されなければならない。なぜならば、このレーニンが知らなかったスターリニズムのイデオロギーというのは、今日依然としてわれわれを除いては、やはり労働者の理論なんだ、労働者の世界観なんだ、というふうにとらえられているからなんだ。

「社民は駄目だ」というふうに言うおスタちゃんもいるんだよ。ところが、「スターリニストはまずい」というふうなことは言わない。まあこの頃、諸君、ニュース解説なんか聞いてごらん。時々「スターリン主義」なんて言葉がでてきて、昨日の夕方か、夜の九時ので「スターリン主義」なんて言ってんだよね、ＮＨＫの解説で。ほほーんと思ったけどな。スターリン主義なんていうのがだな、ラジオでてでてくるなんていうのは、日本においてはな、まあごく最近だし、僕は初めて聞いたけどな、こういうニュース解説者なんかが「スターリン主義」なんて言葉を使うのはな。「トロツキスト」というのはだいぶ録音なんかにはでてくるけれども、依然としてニュース解説なんかにはでてこないわけだよ。スターリン主義というのは僕たちが使うだけでなく、正真正銘の右翼もまた使うわけだけども、むしろ、そういう右翼は反共産主義、反共だけども、その点は後で言っていくとして。レーニンの知らなかったスターリニズム、これが今日なおかつ労働者の導きの糸だというふうに考えられているから、これをまず第一に暴露する必要があるから、スターリニズムとは何なのかということをはっきりつかんでおいてほしいと思う。

第二番目の問題は、われわれの闘いをつうじて、とくに安保闘争をつうじて代々木の権威が失墜することによって、いままでスターリニストの党の周辺にいた小ブルジョア急進主義者が代々木から袂を分かって自分自身を小ブルジョア急進主義者として花開かせた、開花させた、こういう思想傾向。スターリニズムの分解下の、分解しはじめたことからうみおとされたところの、さまざまな小ブルジョア急進主義的な思想、これが第二番目に暴露すべき事柄である。この小ブルジョア急進主義的な思想というのは、特徴は、明確な理論的な構成と体系をもっていない、さまざまな雑炊物である。後で説明するけれども、アナキズム、サンディカリズム、ローザ・ルクセンブルク主義、それから、まあ、いろいろなこれまでできた、レーニン死後、以前（レーニンの）、まあ十九世紀になってからヨーロッパにおいて発生したさまざまな理論というものの雑炊、ちゃんこ鍋としてうみだされている。

第三番目の暴露すべき事柄は、社会民主主義のイデオロギーである。これも、明確な理論的体系化がなされていないわけだけども、今日の段階ではいわゆる構造改革派という新しいお面をかぶった改良主義がうみだされている。炭鉱の政策転換闘争、あるいは国鉄などの「労働プラン」*というかたちで出てきているところの政策転換、政策転換闘争というかたちで出てきているところのものの背後にある理論は、いわゆる構造的改良論である。

＊「労働組合の側から政府・独占資本に対抗して策定した経済計画」のこと。『斎藤一郎著作集』第四巻（あかね図書販売）、「事項註」（三〇六頁）を参照。

現段階において労働者の闘いをいろいろな側面から、いろいろな角度から妨害を加えているイデオロギーというものは、大体、以上のような三つの傾向があるというふうにいうことができる。

# Ⅱ　現代のスターリニズム

まず第一に、現代のスターリニズムというのは一体何なのか。

スターリニズムというものの概念規定というものも明確になっていない、われわれの外でな。「スターリン主義」というふうな言葉がはやっているけども、その内容は依然としてはっきりしていない。「スターリンは死んだからスターリン主義はなくなった」、これが社青同〔社会党の青年組織〕の意見だよ。（笑）こういうのじゃまずいわけだな。あるいは構改派の諸君というのは、「スターリン主義というのは官僚主義である」というふうにとらえている。まあ、スターリン主義を官僚主義としてとらえるというのは間違いじゃないわけだ。官僚主義というのはスターリニズムの一つのあらわれであるという意味においては一面の真理をもっているけれども、その本質をとらえているわけでは決してない。

## A　スターリニズムの三形態への分解

### (1)　正統派スターリン主義としての毛沢東主義

スターリニズムといわれているものの、現段階においてはおよそ次の三つがあげられる。まず第一の傾向は、現段階における正統派スターリン主義としての毛沢東主義である。この正統派スターリン主義というべき毛沢東主義というやつは、どういう点で特徴があるかというならば、一九五六年のスターリン批判、あれの後においてもなおかつ「スターリンは偉大なマルクス・レーニン主義者であった」ということにして、マルクス・エンゲルス・レーニン・スターリン・毛沢東という首を並べて飾ってあるという点にも象徴されるように、スターリンの個人的な罪悪あるいは帝国主義者にたいする警戒心の欠如、そういうような個別的な問題については批判をおこなうけれども、スターリニズムの根本については依然として正しいという立場をとるわけだ。

この頃の諸君はあまり読まないけれども、一九五六年の四月に出された「プロレタリアート独裁の歴史的経験について」〔『人民日報』四月五日付〕、それから十二月に出された「再びプロレタリアート独裁の歴史的経験について」〔同、十二月二十九日付〕、この二つの論文は二十円か三十円で代々木が出してるからな、やっぱり、みんな読んでほしいと思うんだな。「中共ナンセンス」「毛沢東ナンセンス」と「ナンセンス」と言うのもいいけんど、どこがどうナンセンスかということを説明しなきゃならないんだが。さしあたり二つの論文（これは一冊のパンフになっている、『プロレタリアート独裁の歴史的経験について』というやつね）、前のはフルシチョフによるスターリン批判をきっかけとして書かれたもの、後のはハンガリア革命の勃発によってスターリニスト陣営が全世界的な規模で動揺している、その動揺を鎮めるために書かれたものだな。この二つの論文を通して、毛沢東路線とは何ぞやということをつかみとってほしい。

もう一個、読むべきものは、すでに言ったと思うけども『レーニン主義万歳』〔外文出版社、一九六〇年〕という本だな。これは、レーニンが生まれて九〇周年記念日に出された中共〔中国共産党〕の『人民日報』の社説だと思ったがな〔機関誌『紅旗』第八号〕。この『レーニン主義万歳』というのは中共で印刷して日本で売ってるやつだよ、赤い表紙だったかな、それで九十円だけどな。これは合同出版の『戦争と平和の諸問題』〔一九六〇年刊〕にも入っているけども、とにかく代々木の連中が、労働者の代々木の組織の中に盛んに読ませている。さしあたり、こういうものを読む。『プロレタリアート独裁の歴史的経験について』と『レーニン主義万歳』。それからやっぱりね、毛沢東の書いた「人民民主主義論」、それは何というんだっけな、連合独裁論か、民主連合独裁論、なんだか忘れちゃったな、そいつ〔『新民主主義論』〕。それから『実践論・矛盾論』、それから『整風文献』。このぐらいをやはりね、ちゃんと読めば、毛沢東主義の大体の輪郭が分かってくるから、それらを読んでほしい。

## 毛沢東主義の根本特徴

この現代における正統派スターリン主義としての毛沢東主義、これの本質的なものはどこにあるかというならば、依然としてスターリンが一九二四年の十月にうちだした一国社会主義の建設論、一国社会主義論というものをはっきり前提にしている。そして、一国での革命と一国での社会主義経済建設をそれ自体として追求していく民族主義、一国社会主義革命と一国社会主義建設をそれ自体として追求してゆくところの民族主義、こういう点が毛沢東主義の第一の根本的な特徴である。

こういう一国社会主義論というものは、世界的な規模でものを考える場合には、帝国主義陣営と革命をした国との「平和共存」ということになってくるわけだな。だから、外に向かっては「平和共存」を叫び、そうすることによって時間を稼ぎ、「平和共存」というスローガンで時間を稼ぎ、そして内の建設をやろう、というのが根底にあるわけだな。だから一国社会主義論というやつと平和共存というのは盾の裏と表の関係にあるわけだ。帝国主義者が攻めてこないようにするために「平和、平和、平和」と叫ぶ、そして内の建設をやる。だがしかし、帝国主義者が存在しているということにたいしてはやはり武力でもって対抗しなきゃならないということがでてくるな。だから、口では「平和共存」と言うけども、裏側では武力の生産ということをやる。平清盛が鎧を着てその上に坊主の袈裟をくっつけているようなもんだよ。そういう二面作戦をやっているわけだ。

だから、「社会主義建設」と自称するものをやっていてもだ、軍需生産をやりゃあな、経済建設ができないわけだ。なぜかというと、軍需生産をして武器をつくるということは価値を生産することにならんのだよな。ありゃあ、武器はボイーンと発砲すれば……、鉄砲を考えよう。鉄砲をつくる、鉄砲じゃない大砲。大砲は、あれつくるのは大変労働力がかかるわけだな。ボカチンと撃っちゃってみな、パーになっちゃうな。せっかく労働力を対象化してもな、それが価値として戻ってこないわけだ。いいかえると、軍需生産の生産物は再生産過程に入ってこないんだよ、飛びでちゃうわけだ。だからだな、軍需生産をうんとやってると経済建設がピンチになるのは当り前なわけなんだよ。そういう状態を突破するにはどうするかといったら、やっぱり帝国主義者をだな、プロレタリアートの国際的団結によってひっくりがえす、こういう世界革命戦略がなければならないわけなんだ。

ところが、フルシチョフとは違って今日の毛沢東主義者は「世界革命」ということを言うんだよな。これはもう、「原水爆戦争が起こっても人類は死滅しない」というのは有名な言葉だからみんな知っていると思うけども、あれは内野武千代が初めて言ったんじゃなく、三年も前に、さっき言った『レーニン主義万歳』という本の中に出てくるわけだよ。そういうふうに、彼らは「世界革命」というふうに言うんだけども、しかし、それは今日、このあいだのキューバ〔危機〕にも分かるように、武力でもってだな、世界を征服するというふうな軍事戦略のもとに彼らの世界革命は考えられている。これがおかしいんだな。軍事戦略のもとに世界革命を考えている。僕らはそうじゃない。プロレタリアの革命戦略のもとに世界革命を考えているわけだ。

大体、現代ソ連、ロシア革命が勃発したときはプロレタリアートの組織的な闘いがなされたわけなんだが、いわゆるソ連圏というふうにいわれている国々で独自に革命をやったのは一体どこなのかというと、一つは、ヒットラーのナチズムにたいしてパルチザンのレジスタンスをやり、それと同時にヒットラーと妥協すべきことを命令したスターリンにたいして断固はねのけてたたかったチトー。チトーはアンチ・ファシズムでありアンチ・スターリンであのパルチザン闘争をやったわけだ。それで結局、第二次世界大戦の後にユーゴスラビアの革命らしきものをなしとげた［一九四五年］。他方、毛沢東は、農民軍を中心としている。プロレタリアートの民兵を「赤軍」と言えば農民軍は僕らは「桃色軍隊」と言うんだが、そういう農民軍を背景として中国の革命を、まあ括弧づきの「革命」だが、それをやった［一九四九年］。それが毛沢東であり、しかもその毛沢東の戦術にたいしてスターリンは水を差したわけだし、そういうスターリンのやり方にちょっぴり主体性をしめしたチトーと毛沢東が一応の革命をやったわけなんだな。

ところが、ハンガリア、ポーランド、ブルガリア、チェコスロバキア、そういうようないわゆる東欧の、いわゆる「社会主義陣営」に入っているところのものは、ソ連のタンクの上に乗っかってやられたわけだ。第二次世界大戦の終りごろに、ソ連軍が巻き返しをやり、そしてぐうーっとファシズムを掃討する。掃討すると同時にタンクの上に亡命者が乗っかってきて、そして東欧にPuppe（プーペ）傀儡政権をな、つくりあげたわけだな。モスクワの傀儡政権をつくりあげた。

そういうかたちでの革命をやったわけだな、カギ括弧づきの「革命」を。これを……「聞き取れず」……とすかして呼んだのが「人民民主主義革命」というんだよ。こういうのは、基本的には武力で押しつけ、そして「社共合同」というかたちで旧来の政府の構造的改革をやっていった。民衆の力によって革命がおこなわれたんじゃなく、クレムリンのタンクによって革命がつくられたわけだ。そういう革命は本当の革命じゃないから、再び一九五六年のポーランドの政変、ハンガリアの革命というかたちでの爆発が当然にも起こらなければならないわけだ。

そして、今日において、こういうやり方でやっているのが、とくに中共であるわけだな。ベトナムにたいして、ホー・チ・ミンのところをだんだん、だんだん武力でもって拡げていくというやり方。それから中国の内的な矛盾というものを隠蔽し、目玉を外に向けるために台湾海峡の緊張をつくりだしたり、インド国境――だいたい国境なんていうのはプロレタリアートにはねえはずなんだけどな、「国境はあそこだ」「こっちだ」「おめえもガメた」とか何とかってな、みみっちい。ヒマラヤなんていうのはどうでもいいと思うけどな、ああいうところでどうのこうの縄張り争いをやっている、やくざと同じだな。まあ、そんなこと言うとまずいけども。感覚としてはプロレタリアートには祖国はないわけだよ。ところが、革命をすっぽらかしといて、境界争いやっている。それからアルジェリアにたいして武器を出すという、そういう、やるということはいいわけなんだけども、しかしそれがプロレタリアの闘い、フランスのプロレタリアートとアルジェリアの民族解放の闘い、それの国際的な団結という観点からなんらやることなく、ＦＬＮ〔アルジェリア民族解放戦線〕の闘いというものを独走させるというかたちでの指導しかおこなってないわけだよ。

それからまた、キューバにかんしても、アメリカの喉っ首にミサイル基地でもぶっこんで、と。こういう発想法だな、こういうのを軍事戦略というんだよ。

大体、「戦略・戦術」という言葉は軍事科学からきてるんだな。そもそも、これは、いにしえからあったんだよ、戦略・戦術というのは。兵法の概念だよ。ところが、それをレーニンがだな、革命をやっていくための概念としてやってきたわけだな。革命戦略、革命戦術というやつなんだけども、今日のスターリニストは、戦略・戦術を革命戦術・革命戦略でなく軍事戦略的に理解している。大体、アメリカ帝国主義者も「ニュールック戦略」なあんてやらあな。あの場合の戦略というのは、政治家が言う場合でも、明らかに「ソ連封じ込め」の軍事戦略であるわけだ。そういう、アメリカ帝国主義者を先頭とする世界の帝国主義者が軍事政策的に封じこめるのにたいして、武力によって何とかしようと、同じ武力の土俵の上で何とかしようというのがスターリニストに共通なものの考え方だ。

こういう考え方では決して革命はできない。ソ連の雛形を、その小さいやつをつくることにはなっても、全世界的な規模での革命ということを本当にやりとげることは決してできない。だから、中共の路線、毛沢東主義者が「世界革命」というふうに言ったにしても、われわれとはまったく質的に違うんだ。彼らの世界革命というやつは軍事力にもっぱら頼った、そういうもんでしかないということを、はっきりおさえておかなければならない。

## 二段階戦略の定式化

ところで、一国社会主義論がうちたてられ、したがって世界革命というものの展望が本質的には放棄されたにもかかわらず、世界革命という問題と一国社会主義とが平和共存させられたのが、初めてそういう理論ができたのがコミンテルン第六回世界大会〔一九二八年〕であったわけだ。このコミンテルン六回大会のテーゼというのは、青木文庫の『共産党宣言』という文庫版の後ろに載ってるから、そのコミンテルンの六回大会テーゼ、これはスタ＝ブハ綱領というやつだ、スターリン＝ブハーリン綱領。このスタ＝ブハ綱領というのは、「世界革命」という言葉が出てくるのさ。だから、あまりに僕らの反スタの理論をちゃんとつかんでいない人たちは、このスタ＝ブハ綱領を読むと「これは革命的だ」なんていかれちゃう人もでてくると思うけども、そういうのはどこがおかしいかというのを自分自身の頭でとらえてほしいと思うな。スターリン＝ブハーリンのこの綱領は、基本的には一国社会主義の立場をとっているわけだ。それに世界革命という胡椒をふりかけているにすぎない。

第二番目のコミンテルン・テーゼの特徴は、第二番目というのは大きな二番目ではなくな、コミンテルン第六回大会テーゼの一番目の特徴は一国社会主義というのが基本で世界革命というのが胡椒だ、このテーゼの二番目の特徴は二段階戦略、「中位に発展した、中くらいに発展した資本主義国においてはブルジョア民主主義革命をやって、それからプロレタリア革命にいくんだ」というかたちでの二段階戦略が明確に定式化されたということであるわけだ。二段階戦略論あるいは二段階革命論というのが、このスタ＝ブハ綱領ではっきりさせられた。だから、二段階戦略革命論の前提には一国で革命をやるという民族主義があるわけだ、民族主義がな。これは世界情勢の把握を間違っているわけだな。

すでに、マルクス・エンゲルスは『ドイツ・イデオロギー』で、「或る一定の資本主義国が高度に発展した場合には後進国の経済もそれによって変質させられる」、こういう一句があるんだよ。どこか頁は忘れたけどもな。そういうふうに、或る一定の国が帝国主義的段階に突入すると、他の後れた国々もまた、帝国主義的経済によって滲透させられていくわけだな。だから、後進国という規定性によって純粋にプロレタリア革命というかたちがとれない場合もある。それは当然のことだよ、諸条件によってな。しかし、やはり、現代の革命はプロレタリアのヘゲモニーのもとに――ヘゲモニーというのはそのプロレタリアが主体性と指導性を発揮していくということだ、中心的な力となっていくということだな――、プロレタリアのヘゲモニーのもとに、非プロレタリア的な勤労大衆を同盟に、統一戦線や労農同盟というかたちでの同盟を結んで革命をやっていくんだな。

だから、その革命は後進国であるというふうに規定された場合には、改良的な要求を掲げてたたかうわけだ。しかし、その改良的な要求というのは、連続的にプロレタリア的要求へと高められていかなきゃならないわけだ。たとえば「賃上げ」というのは、これはプロレタリア的な要求だと思っている人がいるかも知んねえけど、絶対そうじゃないんだな。「賃上げ」というのは、あれは改良の要求でありブルジョア的要求なんだ。ブルジョア的奴隷状態を改善する要求でしかないわけだからな。そういう改良的要求を掲げたたかうことをつうじて、賃金制度を根本的に撤廃することなしにはプロレタリアの本当の解放はありえないんだ、ということを大衆に訴えていく。こういうふうに考えるのが現代のプロレタリア革命の考え方なんだ。

ところが、スターリニストの場合にはどうかというと、現在はブルジョア民主主義革命だ、ブルジョア民主主義的な要求を掲げてたたかうんだ、と。そして、そういうブルジョア民主主義的な要求を掲げるということをさらに具体化したのが、今日での日本のような場合には、「高度に発展した資本主義国でありながら同時にアメリカの従属国である」、アメリカに占領されている、軍事基地がある、だからアメリカ帝国主義からの解放ということが中心にならなきゃならない、で、今日の段階は「日本民族の独立」「民族解放」の闘いが中心的な問題だ、と。こういうふうに言うのの背後にあるものは、そういうブルジョア民主主義革命をやってからプロレタリア革命という二段階戦略の現代版が民族解放革命路線であるわけだ。しかも、この「民族独立」のスローガンは代々木の場合さらに悪いんだな。アメリカ帝国主義反対だけでなく、アメリカ帝国主義ではなくアメリカ全体に反対、「ゴーホーム、ヤンキー」というかたちでやっているわけだよ。

この前「自立学校」*の先生にさせられて、くだらねえけど、まあ、どんな調子だかなというんで見に行ったんだけども、こういう質問でたよ。「アメリカの軍事基地のアメリカの兵隊が鉄砲持ってるじゃねえか、あれは俺たちの敵だ」と。とんでもハップンだ、と。あれは帝国主義者に使われている雇い兵であってな、たとえ鉄砲を持っていても彼らはわれわれの味方に転化する、これが必要なんじゃないか。分かんねえんだな。われわれの敵はアメリカ帝国主義者であって、アメリカの下部の兵隊さんじゃないわけだよ、な。敵というものをな、みんなオカチメンコにみんなアメリカだとな、向こうは敵にしちゃう。そうじゃない、埴谷さんが言ってるじゃないか。あんたは埴谷さんの話も聞いているらしいけども、「敵を味方に転化する」というのは埴谷さんに教わればいい、と。そういう角度でなぜ臨まないか、てなことで低水準のところで一発やってな、それから帝国主義という問題についてもうちっとよく考えてほしい、と。

＊　谷川雁、吉本隆明らが呼びかけ松田政男らを世話役として、一九六二年九月に発足。文化人・学生を集めて不定期の講演・討論集会を開催し、同年十二月四日に「マルクス主義者は権力をどうとらえるか」と題して黒田が講演した。

やっぱり、このな、帝国主義者というものとな、たとえ武器を持っていても帝国主義者に雇われている兵隊さんというものを区別しなきゃ駄目なんだよ。そういう点を全部オカチメンコにして、「反米！」と。ナンセンスだな。そういう代々木のごまかしな。だから、われわれも、諸君のなかに行った人もあると思うけども、横田基地に行かなきゃならない場合には、職場の代表として行く場合には行く。そしてそのなかで代々木の反米路線、民族主義路線がナンセンスだ、ということを暴露する必要があるわけだな。そういう民族解放革命というやつは、明らかに二段階革命論からきているわけだ。

ところで、この二段階革命論というやつはレーニンの『二つの戦術』〔『民主主義革命における社会民主党の二つの戦術』〕という本があるわけなんだが、そういう『二つの戦術』の欠陥というものをデカうつしにしたやつがこの二段階戦略であるわけだ。だから、諸君がレーニンの『二つの戦術』を読む場合には、一九一七年のあの有名な「四月テーゼ」、この「四月テーゼ」というものを読んで、なぜ亡命していたレーニンが本国に帰ってきて、一人で「社会主義革命」の路線を提起し、スターリン以下すべてのボルシェヴィーキたちの反対を押しきってレーニンが「社会主義革命」の路線をうちだして「四月テーゼ」を出したのか〔を考える〕。

スターリンなんか、ブハーリンとか、そういう、レーニンが「社会主義革命」の旗を掲げたときに反対したそういうボルシェヴィーキというのは、やはりレーニンの過去の誤謬の他在であったわけだな。レーニン・ダッシュだったわけだ。『二つの戦術』を盲信してきた過去のレーニンをレーニンは目の前に見たわけだ、スイスから帰ってきてな。スターリンというのは過去のレーニンであったわけだよ。そこで、イデオロギー闘争をやりながら、内部闘争をやりながらレーニンはボルシェヴィーキを全体として「四月テーゼ」の路線にのっけていった。しかし、残念ながら、その立場、「四月テーゼ」の立場から『二つの戦術』の批判的解釈ということをやることなしにレーニンは死んでしまったわけだ。

そういう意味で、やはり「四月テーゼ」というものをはっきり読むと同時に、なおどこに欠陥が残っているのか、『「左翼」小児病』〔『共産主義における「左翼」小児病について』〕や『背教者カウツキー』〔『プロレタリア革命と背教者カウツキー』〕などを読んで、そして『二つの戦術』の欠陥を暴いていく必要もあるわけだ。

**民族主義への陥没と大衆路線**

で、毛沢東路線というのは、そういうコミンテルンの第六回大会でうちだされたスターリン＝ブハーリン・テーゼの二段階戦略に裏づけられている。こういう一国社会主義の路線にはまっている毛沢東路線、これの組織形態は一体どうなるのかというと、民族主義的に革命をやるということで組織形態もまた分断されていくわけだな。今日、コミンフォルム〔共産党・労働者党情報局〕という通信機関も無くなったし、コミンテルンももちろん無くなったわけだ。コミンフォルムはソ連中心主義体制的になるから「あれはむさい」というので、五六年の何月か、五月だったか六月だったか忘れたけども、解散してしまって〔五六年四月〕、こんにち世界革命をやるための国際的な労働者党の組織というのは無いわけだな。

そういう、国際的にも組織は無くなるばかりでなく、党組織そのものもまた官僚制度化している。この官僚制度化しているという点において、ソ連ないしは代々木の党と毛沢東の党とは若干ニュアンスの違いがある。どこが違うかというと、いうまでもなく「大衆路線」というやつがよく言われている。この大衆路線とはどういうことかというと、大衆の思っている気持になって大衆のなかにとけこむ。これ自体としてはまったく正しい。しかし、どうやってとけこむのか、とけこむ前衛というのは一体何なのか、というような問題がはっきり理論的に追求されていないから、劉少奇が書いたような『共産党員の修養を論ず』というかたちの修養の問題にいってしまってだな、修身だ。

まあ、とにかく、官僚的なものよりも修養を論じてくれた党の方がまだいいだろうけども、こういう毛沢東の党というのにたいして、日本のいわゆる進歩的インテリが幻想をいまなお抱いているというのは、そういう孔子の国だと、孟子・孔子の国だという点だ、と。それが毛沢東の本を読んでも、劉少奇の本を読んでも孟子・孔子の引用が出てくんだけどな、それ自体として悪いわけじゃねえけども、そういうお孔子様の国だということでな、崇めまつっているんだけども、しかし、やはりスターリニズムというもの、一国社会主義を基礎とし、それから平和共存と軍事政策を兼ね合わすという点でやっているという点では違いはないわけだ。

まあ、そういうのが基本的な路線であり、思考法の問題としてはどういうことなのかというと、マルクス・レーニン主義の原則を完全に投げ捨てて、今日の現実にべったりくっついていく、そういう思考法だな。原則を現代的に貫徹していくという立場がなくて、「現実密着」という名のもとにマルクス・レーニン主義の世界革命という原則を失ってしまったのがスターリン主義であり、その現代版としての毛沢東主義であるわけだ。*

＊『現代中国の神話』（こぶし書房）の「Ⅲ 今日の毛沢東主義」を参照。

## (2) フルシチョフ＝トリアッチ路線

この原則の放棄を公然とおこなったのが、すなわち第二番目の流れとしてのフルシチョフ＝トリアッチ路線であるわけだ。スターリニストの第二番目の流れ。いま言ったのが、正統派スターリン主義という毛沢東主義が第一番だな。第二番目のスターリニズムの形態としては、フルシチョフ＝トリアッチ路線。この両者は本質的には同じである。違う点は、トリアッチ路線というのはヨーロッパの資本主義国においてフルシチョフ路線をハイカラにしたという点だな。フルシチョフ路線のヨーロッピアン・スタイル、これがトリアッチ路線であり、いわゆる構造的改革路線といわれているわけだ。

## 社会民主主義化されたスターリニズム

このフルシチョフ＝トリアッチ路線、略してフルシチョフ路線というのは本質的には依然としてスターリニズムである。しかし、そのスターリニズムにたいする右翼的反撥あるいは社会民主主義的な反対、そういう意味において、これを社会民主主義化されたスターリニズム、そういうふうにとらえ、これをライト・スターリニズム、右翼スターリニズム、それからソフト・スターリニズム、軟派スターリニズムとかな、そういうふうに言うわけだ。

この路線は、毛沢東主義との関係においてつかむと一番やさしいわけだな。基本的には一国社会主義革命論の路線をとっている、これでは同じだけども、毛沢東主義者が世界戦争にも訴えても革命をやるというのにたいして、フルシチョフ路線はべたべた、べたべたやるわけだ。帝国主義者と握手したり、なんかをやる。まあ、もう見ちゃあいられないよな。そういう、このいちゃいちゃ路線がフルシチョフ路線。帝国主義と仲良くやる、妥協というものを先頭にたってやってしまう。妥協するので毛沢東がフルシチョフのケツを突っつくだろ、そうするとぱっと居直ってな、時々変なことを言う。核実験協定が結ばれそうになると毛沢東がぷっと文句言うと、核実験協定をぽーんとやめてケツまくるとかな。キューバのところでちょっと武器を輸出してみたり、ベルリン、ちょっと閉めてな、緊張をつくったりな。* そういうふうにな、表面では平和づらしててな、後では意地悪やる。まあ、そんなもんだよ、奴らのやることは。女の子がよくやるやつだな。(笑) こういう水準と同じだな。

＊　一九六一年の「ベルリン危機」をさす。『ヒューマニズムとマルクス主義』(こぶし書房) 八六〜九〇頁を参照。

外に向かっては平和共存やってるけど、内のなかでは武力を蓄えて、中の矛盾がでてくる。とくに中国なんかは食う物がなくていま困ってるわけだけどな。そういう内部矛盾がでてくると、その内部矛盾を外にそらすために「ベルリン」という問題を捏造する。台湾［問題］をつくる、インド問題をつくる。そういう外的なものに目をずらしていくわけだな。一般に、支配者というのは内的矛盾が発生すると目玉を外に向けさせせんだよ。これは支配の論理なんだよ。内的矛盾があると「これはむせえ」というので「外、向け」と、こうやるんだな。

しかし、内的矛盾をトコトンまで追求しその新しい解決形態をうみだしていく、これが弁証法なんだよ、な。一つ中心点があるときには円がなるわけだよ、円がな。一つの点で、こうやってぐるぐる回すと円がなるだろ。ところが、二つ中心点をおいてぐるぐる回すと楕円になるわけだ。それは二つという中心点があるもんだから、その解決形態として真ん丸でなく楕円になる。そういうふうにだな、矛盾というものを解決していく、そのしかた、その解決された新しい形態をつくる。こういう立場がないとな、もう、前衛組織だろうが、国家の政治経済構造だろうが、みんなパーになっちゃうんだよ。そういう『資本論』の商品の弁証法、あの弁証法はたんに商品の論理だけでなく僕たちの組織の論理であるし、そして将来つくられていく政治経済構造の論理でもあるわけだな。

まあ、いいや。そういう、外へ目玉を向けさせちゃってごまかすんじゃ一体、駄目なんだ。マル学同なんかのような問題、理論的対立というのは、ただたんに外へ目を向けさせることなく、徹底的に討論をして新しい解決形態を創造していく、そういう実践的立場で論争というものをおこなわなきゃならないわけだ。

そういうふうに中共派が武力をもってさえも世界革命みたいなものをやろうとしてるのにたいして、ズブズブ平和共存がフルシチョフだな。世界情勢をズブズブに平和共存でとらえると、今度は国内の階級闘争も仲良くやる、ということになる。仲良くやるにはどうするかというと、ブルジョアの国会の中に多数を占める、国会内で多数を占めて「社会主義へ平和移行」していく。そういう平和共存戦略にたいして「議会的手段による革命」というのがでてくるわけだ。これは、依然として一国社会主義論が前提とされているし、二段階革命論であるわけだな。*

＊ 新装版『現代における平和と革命』（こぶし書房）の第二章Ⅲ「A フルシチョフ修正主義の本質」を参照。

そして、毛沢東主義者が「民族解放」というのを力説するのにたいして、トリアッチ主義者は人民戦線ということの現代版としての「幅広い国民的な統一」ということを言う。しかも、人民戦線の場合には、人民戦線戦術というふうに言われていたけども、今日はそういう統一戦線は「戦術ではなく戦略だ」ということをトリアッチが言っているわな。何も分かっちょらんよな。戦略も戦術もでったらめなんだ。「人民戦線戦術はもはや戦術ではなく戦略だ、政府の問題である」というようなことを言っている。「これはむさい」というんで、少し、このごろ日本のトリアッチ主義者は言わなくなったけどもな。二、三年前にトリアッチの演説集が出たときには盛んに有名になった。

人民戦線戦術というのは、要するにどういうふうにしてでてきたかというのは後で説明するとして、とにかく、こりゃ、ポピュラー・フロント、人気とり－戦線と。「みんな来い、来い、来い、来い」と。どっかで最近やってるようだけどな。＊「みんな来い、来い、来い」というのが人民戦線戦術だよ。なんでも無原則的にみんな入れちゃっていい顔してる。それでファシズムにたいしてアンチ・ファシズム、「アンチ・ファシズム、みんな来な」というわけで、ズブズブにこういうふうにやって、お互いに内部理論闘争をやらねえ。やらないで人民戦線政府というのができた。

＊　一九六二年秋の大管法闘争における岡田新（清水丈夫）や岸本健一ら政治局内多数派官僚（ブクロ官僚一派）の「ベッタリズム的統一行動論」をさす。

まあ、フランスの場合を例にとろう。世界大戦が終って人民戦線政府となった。ド・ゴール首相、副首相モーリス・トレーズ。それで、その政府が「レジスタンスをたたかった諸君、戦いは終った」と。まあ、トロツキーならばおそらく永久革命だから「人民戦線戦術を正してプロレタリアの独裁へもってけ」と言っただろう。ところが、くたびれちゃったレジスタンスの諸君、モーリス・トレーズという共産党の親方が言うんだから「まあ、よかんべえ」というんで、武器を捨てたわけだ、なあ。エルコリは、トリアッチは武器を捨てさせなかったそうだけどな。武器全部、フランスは捨てちゃったんだよ。そうしたらド・ゴール、鼻ぴくぴくと動かしてな、「ようし」というんでモーリス・トレーズをスパッと切っちゃったんだよ。それで、人民戦線政府できたけど元の木阿弥になっちゃったんだな。これが、人民戦線戦術の流産ということだ、フランスにおける。ところが、トリアッチの国では、パルチザンをたたかった武器というのはまだ民家かなんかに隠してあるそうだな。森茂が見てきたそうだけど。（笑）

そういう人民戦線戦術というのは、そういう超階級的であり超党派的でありズブズブ統一戦線なんだな。ズブズブのことをやりゃあな。やっぱり、統一戦線といったってな、何にも、何でもノーズロ的にやる必要はないのさ。やっぱりな、われわれの、プロレタリアートの原則を通していくというのを同時におこなわなきゃいけない。もちろん、それをだな、原則を通すことがセクト主義になっちゃまずいけどな。セクト主義とだな、運動のなかで原則を通すということとは違うわけだよ。ところが、人民戦線戦術というのは、党派性をすら、プロレタリア的党派性をすら通さなかったんだよ。だからな、人民戦線内閣が第二次世界大戦にできたけどもパンクしていった。

今日のスターリニストは民族ブルジョアジーも入れるわけだ。民族ブルジョアジーも一緒に仲良くやりましょう、と。北村徳太郎とか石橋湛山とか、ああいうのは「いいブルジョアジーだ」、こういうわけだよ。「いいブルジョアジー」がいいんだよな。そういう「いいブルジョアジー」と一緒にやんべえというのがスターリニストだ。これにたいして、構改派といわれているやつは反独占闘争というわけで反独占をやるんだけども、そのなかの反独占の内部でどうたたかうかというと、やっぱりこれはオカチメンコなんだな。そういうふうな統一戦線のとらえ方も違う。で、全体としてソフト化しているということは、彼らの党にかんする考え方というのもまたソフト化しているわけだ。

スターリニストの党の場合には、「一枚岩の団結」というふうなことを言うけども、フルシチョフ主義者の場合には「党内民主主義」ということを盛んに言う。「党内民主主義」というのは二つの方向がある。一つは、全世界のスターリニスト党にとってはソ連の共産党、ソ連のスターリニスト党中心体制反対、ソ連中心主義反対という意味で民主主義をとらえる。もういっちょは、各国共産党の内部における民主主義、党内民主主義をいう。しかし、今日の日本における春日派を見ても分かるように、彼らの「党内民主主義」の要求というのは解党主義以外の何ものでもない。党を「要らねえんだ」と。「とにかく運動をやっていけばいいんだ」というのが今日の春日派なんかにあらわれているやつだ。討論をやっていって、そのうち何か綱領ができて、そのうち何かできるだろう、ということを言ってんだ。だから、彼らの名前は「社会主義革新運動」というかたちのものより以上にいかない。こういうのは、毛沢東主義者に言わせれば「自由分散主義」であり「解党主義」であり「反レーニン主義」だ、というレッテルを当然にも貼られてしまう。

## （3）チトー主義の本質

こういうふうにソフト化してくるとだな、戦略的にも戦術的にも、そして統一戦線にかんしても、そしてまた党、パルタイの問題にかんしても、みんなおかしくなっていく。こういうおかしいのをもっと磨きをかけたのが、チトー主義という三番目の形態だ。

このチトー主義というものは、スターリニズムの最も右翼的にして民族主義的な形態をいう。だから、中共・毛沢東主義者やフルシチョフ主義者はまかり間違ってもな、ソ連圏……「テープが途切れている」……「両軍事ブロックからの中立」主義、つまりソ連圏および帝国主義圏というものから軍事的に完全に独立していく。だから、このことをフルシチョフ主義者は「平和共存」と言うのにたいして、「積極的共存」路線というふうに言うわけだ。

ところが諸君、今日「積極的共存」というのは社会党が言っているやつじゃねえかというふうに思うだろ。安保闘争の一九六〇年の前までは「中立」なんて言うとな、コテンパンに怒られていたわけだ。ところが今日の代々木というのは「中立」ということを平然と言うわな。これはなぜかというと、五九年の一月に、フルシチョフが手紙を出して「日本は中立路線をとれ」というふうな恫喝があったから、そこでひっくり返って「民族独立、平和・中立」というのが代々木の路線の中心だな。

＊　日本共産党第四回中央委総会。「日本の中立化」政策をうちだす。

まあ、いいや、その点を少し説明するとだな、この前も言ったように、五、六年前まではソ連というのは「ソ同盟」と呼ばれてたわけだ。ところが今日では「ソ連邦」と言われるんだけども、それは一九五七年に「ユーゴ共産主義者同盟綱領」ができたわけだな。で、ユーゴ共産主義者同盟ということからしてだな、ソ連邦というふうになった。チトー主義とは何ぞや、ということを調べるためには、やはり「ユーゴ共産主義者同盟綱領草案」というのが大月書店から訳されているから『ユーゴスラヴィアの共産主義』一九五八年」、やはりみんな読んでほしいと思う。とくに、その附録に載っかっているカルデリという人の論文をようく読んでみな。あれを批判できたら大したもんだよ。やっぱりカルデリという野郎はな、トロツキーのものも読んでるしな、理論家だよ。僕の考えとしては、スターリニスト陣営の内部において、しかもカルデリは副大統領だけどな、唯一の理論家じゃなかろうか、というふうに思う。「永久革命」なんて平気でだすしな、まあ大したもんだよ、あのカルデリというおじさんは。まあ、会ったわけじゃないけどな。（笑）

そのカルデリ、大体な、てめえで革命をやったんだよ、チトーと一緒に。まあ、この頃のチトーというのはフルシチョフと握手しやがってな、けたくそ悪いと思う人もいるだろうけども。しかし、カルデリというのは理論家だからな。自分で革命をやったというんでな、二段階戦略なんかでなくな、「連続革命でやった」というふうに美化しているよ。まあ、自分で。経済構造が、いまユーゴの経済というのは資本主義的な小商品生産になってしまっているけども、しかし「永久革命」という思想がカルデリにはある。このユーゴ共産主義者同盟の綱領を発表するにあたってのカルデリの演説を読んだ後で、綱領そのものを読む。この点においては、平和共存路線でなく「積極的共存」という路線をだしているわけだ。この「積極的」というのはどういうことかというと、「両軍事ブロックから中立」というかたちでだしているわけだな。両軍事ブロックから中立するためには、中立を唱えるアジア・アラブの民族主義ブルジョアジー、民族ブルジョアジーといちゃいちゃするということになるから、またまずいんだけどな。

　これは、われわれの〈反帝・反スタ〉と全然違うわけだな。俺たちは「両軍事ブロックからの中立」なんて言いやしねえ。「両帝国主義陣営」と言うのは赤色帝国主義論者だけども、アメリカ帝国主義陣営とソ連圏の労働者、これの横への団結、こういうのが本当の立場であって、「ブロック」というふうにやっちゃうとだな、ソ連圏の労働者、アメリカ帝国主義の労働者が向こう側にいっちまうわけだ。だから、こういうチトーの「積極的共存」路線あるいは「両軍事ブロックからの中立」路線、そういうものが、どこが間違いかということを自分自身の頭で批判できたとき初めて、〈反帝・反スタ〉のわれわれの路線もはっきり主体化されたということになるわけだな。だから、ユーゴ共産主義者同盟綱領というのもだな、古本屋にあるから買って読む必要がある。勉強になるからな。

それから、チトー主義の第二番目の特徴としては、「積極的共存」とつながってソ連中心主義体制にたいする批判を猛烈にやる。スターリンの官僚主義にたいして批判する。しかし、官僚主義にたいして批判をするんだけども、第三番目の特徴としては、民族主義なんだよ。やはり、スターリニストの一国社会主義の路線からちっとも狂ってない。そういう意味においてだな、ソフト化して両軍事ブロックから中立する、そしてソ連中心主義体制に反対して民主主義づらをする、しかし、依然として民族主義であり一国革命方式主義者であり、スターリンと同様の「社会主義」。もっとひどいらしいな、資本制生産的な無政府的な生産が依然としておこなわれており、計画経済なんかはなされていない。*

＊「ユーゴスラヴィア共産主義の問題点」『スターリン批判以後　上』（こぶし書房）所収を参照。

## B　スターリニズムの発生とその根拠

大体、スターリニズムにかんしては以上述べた三つの形、一つは正統派スターリン主義としての毛沢東主義、第二番目としては「非スターリン化」というふうなスローガンを掲げることによってソフト化したところのフルシチョフ＝トリアッチ路線（構改路線についての詳しい説明は後でやるとして）、フルシチョフ修正主義路線、これは、本質は一言(いちごん)にいうと、社民化したスターリニズム。まあ、とにかく当りがよくなった。それから第三番目の形態が、チトーのチトー主義。これは、民族共産主義というかたちであらわれているところのものだ。こういうのが今日に発生しているスターリニズムの三つの形態であるけれども、これは、こういうふうに、スターリン主義が一枚岩であった、かつてはスターリンのスターリン主義は一枚岩であったけども、今日のスターリン主義がこういうふうに三つに分かれてきているということは、スターリニズムが分解をはじめたというひとつの現実的な証拠であるわけだ。

このスターリニズムの分解ということは、一九五六年のスターリン批判、ならびにその秋のハンガリア革命という点において象徴的にあらわれたところのものであるわけだな。われわれとしては、こういうスターリニストの諸形態につらぬかれている根本的な事柄をかいつまんで言うならば、ひとつとして、この三者に共通につらぬかれていることを一口で言うならば、それらは一国社会主義の路線に立脚し、外に向かっては平和共存を、内に向かっては軍事力の強化をはかることによって、自国の、つまり一国的な規模での括弧づきの「社会主義」を民族主義的にやっていく、こういうかたちにおいてはまったく同じなわけだな。そういう意味で、「民族共産主義」というふうに言ってもいいし、世界革命という原則を放棄した「一国革命主義」者というふうに言ってもいいわけだ。そういうことになると、組織論的にも、したがって官僚化していく。組織の官僚化にたいしてソフト的な反撥があったにしても、とにかく組織もおかしくなっていく。

　こういう三形態の分解は、ハンガリア革命いご明確になっているわけなんだけども、しかし依然としてスターリニズムを打倒し克服していく闘いは弱い。第一回目の入門講座*の日において若干喋ったと思うけれども、とにかくヨーロッパにおいては非スターリン化の運動はおこなわれているけども、アンチ・スターリニズム、スターリニズムを克服していく闘いというのは着実にはおしすすめられてはいない。いまようやく反スタ運動の母胎らしきものがうみだされている現状にあるわけだ。そして、こういう状況においてはだな、ますますわれわれの闘いというものは大変なわけなんだけども、そのためには、やはり、スターリニズムというものの歴史的根拠というものがつかみとられていかなければならないのであって、この点についてやはり簡単ながら述べておきたい。

＊「哲学入門」一九六二年十月十四日。本シリーズ第一巻に所収。

## 一国社会主義論の捏造

この頃の代々木が出す『レーニン選集』の中には、かつて入れられてなかった論文、「プロレタリア革命の軍事綱領」だとか、「ヨーロッパ合衆国のスローガンについて」とか、世界革命にかんしてふれられている論文がだな、どしどし代々木版の『レーニン選集』の中に採り入れられているということはひとつの特徴だと思うんだな。大体、広告を読んでもそれぐらいの頭働かないと困るんだけどな。『前衛』なんか後ろにのっかっているだろ。先月号の『前衛』の後ろ側に「第三分冊「プロレタリア軍事綱領」」、こういうのを書いてあるわけだよ。こういう「軍事綱領」の「ぐ」の字もな、いままで言ってなかったんだけども、中共路線になると、そういう「軍事綱領」なんていうのを『レーニン選集』に入れるっていう、ほほおんと思ったよな。まあ、いいや。

スターリニズムがでてくるという前後について理論的に勉強しようと思う諸君は、『ロシア革命史』トロツキーのな、『ロシア革命史』の中に入っている「附録　一国社会主義論」、それから『裏切られた革命』の「附録」〔「一国社会主義」と「ソ連邦の『友たち』」〕、そういうようなものを読んでほしい。そうすると、トロツキーとレーニンがどういう立場をとっていたか、これはいわゆる議事録みたいなものだ、議事録な、今はやりの。そういう議事録みたいなもんだ。だけど、議事録つくってたからトロツキーは負けちゃったんだよ、ははは。（笑）議事録ばかりつくってやっぱり自分自身の意見を述べないとな、やっぱり負けちゃう。だから、そういう点でトロツキーが負けたというとこも教訓を学んで、議事録屋になっちゃあまずい、と。これは別に皮肉でもなく事実を言っているわけだな。* で、一国社会主義というものがどうやってできてきたかというときのな、レーニン・トロツキーの論争というものは、大体その二つの論文を読むとほぼ大体分かるよ。

＊　一九六二年秋の「Qの会」で噴出した政治局内多数派への批判を、岡田新＝清水丈夫が自分の意見を書かずに議事録のようにまとめて配布し、武井健人から恫喝され屈服したことをさす。

だから、そのところで興味のある人はだな、年表でもつくって、トロツキーの、とくに『ロシア革命史』の「附録」なんていうのは、でっかい紙にな「一九〇〇何年の段階、トロツキー

・レーニン・スターリン」と縦に棒を引っぱってな。「一九〇〇何年」なあんて、暇人はこうにやって、それでトロツキーは何と喋ったかとマス目に入れてやってみな。かなりな、頭の中にもすうーと入るしな、面白いと思うんだよ。そうしてだな、どういう文献、それがな詳しく書いてないんだよ、トロツキーは。こういうふうに、一九〇〇何年何月の何日にどこで喋ったと書いてあってもな、『レーニン全集』のどこに載って、まあ『全集』が出てなかったせいもあるだろうけどな、どこに載っているかと書いてないんだよ。(笑) 非常に不便だけどな。しかし、それと似たようなことを自分で勉強するときにな、「ははあん、こういうふうにここではこう言われているんだな」とやって埋めていく。だから、たとえばトロツキーの引用している或る文章というのは『レーニン全集』ないしは『選集』の第何巻の何頁に書いてあるてなことを記入しておくとかな、そういうふうにやっていくとかなり勉強というのも、まあ正月休み飲まねえでな、そういうことをやってほしいと思うんだよ。

まあ、そういうふうにすると革命論争というのはどういうふうにおこなわれてきたかというのは分かる。とくに一国社会主義論というやつはレーニンが死んだ直後の一九二四年の四月に赤軍大学で演説したときにははっきり出てない。半年後の十月にスターリンが演説したときに初めて今日の一国社会主義論が明確に定式化されたわけだ。*「孤立・後進・世界革命の遅延」

という状態のもとに、これはトロツキーの言葉だな。「孤立」というのはロシア革命が世界革命の挫折によって孤立した、と。「後進」という場合にはロシアは後進国である。革命が孤立化し、「孤立」、「後進」、ヨーロッパのような先進的なんじゃなくロシアのような農業国が後進、そして「世界革命の遅れ」、こういう三つの諸条件によってロシア革命が挫折し、そして世界革命の展望が失われていく。

＊　新装版『現代における平和と革命』第二章Ⅲ・Cの一「一国社会主義の神話」を参照。

もちろん、これは簡単にそうではなく、スターリン、ブハーリン、トロツキー、ジノビエフ、カーメネフ、何とか、そういうような人々の路線の闘争においてトロツキー派が完全に、左翼反対派が完全に敗北していく。この敗北の根拠というのは依然として、まだ詳しくは分析されていないわけだな。トロツキーは「なぜ負けたか」というふうに書かないで、「スターリンはなぜ勝ったか」というかたちで『裏切られた革命』で書いているでしょ、第三章だったかな、五章だったか忘れたけども〔第五章第一節〕。「俺はなぜ負けたか」というようにトロツキーは書けばいいものを、「スターリンはなぜ勝ったか」と。（笑）なぜ勝ったかというと、「スターリンは官僚といいことやった」と、こういうふうに書いてあるんだよ。じゃあ、なぜトロツキーはな、事務官僚を自分の方に引きつけてやることができなかったか、というふうに反省はしてないんだ。そういう点をやはりな、『裏切られた革命』を読むときもやってほしいと思うんだ。

### 左翼反対派の敗北の根拠

ところで、たぶん言ったと思うけども、トロツキーのいろいろな本、追放されて以後に書かれた本、たとえば「永久革命論」と言われたり「永続革命論」と言われているところの*Permanent Revolution*（パーマネント レボリューション）という本だな。あの本を見ても分かるようにね、ラデックはああ言った、こんにゃろうはこう言った、ほいだからこれはこうだ、こうだと、子どもの喧嘩みたいなことをやってんだよ。ああいうことをやってんだとな、やっぱり弁解だな。弁解やったら、やっぱり政治には勝てないらしい、討論の場合な。やはり、自分の路線、信念というものをはっきりだして敵の理論を打倒するという原則的な闘いをやんないとまずいわけだな。『永久革命論』という本、これは、だからといって読まなくていいと言ってるわけじゃないよ。あそこに書かれている『永久革命論』のようなスタイルでやったんじゃ、本当の闘いはできないんだということをもだな、僕たちははっきりつかまなければならない。

で、まあ、『レーニン死後の第三インターナショナル』という題で出されているやつは、さっき言ったスターリン＝ブハーリン綱領、第六回世界大会テーゼのインチキ性を暴露したもんだから、みんなも勉強するときには『第三インター』というやつもひとつちゃんと学習してほしい。ドイツ革命の敗北、中国革命の敗北はなぜなのか、二段階戦略はおかしいじゃねえか、世界革命の完遂とは何なのかというような、かなり難しいけどね、トロツキーの文章というのは。スターリンやレーニンのようにぴーんと入らないで、文学的なセンスがあるから非常に難しい。しかし、じっくりじっくり読んでトロツキーがどういうふうに批判していたのか、どこが足んないのかという点をはっきりつかんでほしいと思うんだな。

とにかく、スターリン派に左翼反対派が敗北した後に、トロツキーはほとんどすべて今日でているような本、『ロシア革命史』『わが生涯』『次は何か？』『第三インター』、それからさまざまな本を、『永久革命論』というようなやつは片っ端書いたわけなんだが、それで「社会ファシズム論」にかんしては『次は何か？』という本を読んでいく。スターリニストは一九二〇年代にヒットラーの擡頭を許してしまったわけだ。なぜ許したかというと社民にたいする闘いのしかたを失敗したわけだな。まず社民を倒して、それからヒットラー、という二段階戦略をとったわけだよ。そういう点にたいして、トロツキーは労働者階級の団結、統一戦線を呼びかけるべきだ、という主張を『次は何か？』でやった。呼びかけたけど実際にやらなかったわけだな、トロツキーも、そして労働者も。だからうまくいかない。

まあ、『次は何か?』を真似して呼びかけている人もいるらしいけども、そんなの呼びかけたってナンセンスだよな。統一戦線というものもだな、『次は何か?』の欠陥をあたかも長所であるかのごとくに錯覚するのはドン・キホーテというもんだよ。だけども、その『次は何か?』の欠陥でなく長所はどこにあるのかという主体的把握にふまえてだな、あの統一戦線論を現代的に活かしていく。そのためには、コミンテルンの第四回大会でトロツキーが書いた統一戦線論、これは『コミンテルン最初の五カ年』の下巻に入っていると思ったな。* このトロツキーの書いた統一戦線論というものの長所と欠陥はどこにあるか。これは、統一戦線論といっても明確に統一戦線論になっていないで、とにかく、力点が前衛党づくりと統一戦線との有機的な関係がなくて、とにかく労農同盟というやつをちょっと理論化したぐらいにすぎないんであって、まだ僕たちがさらに理論化していかなきゃならないものをもっているわけだ。

＊「統一戦線について」一九二二年三月執筆。コミンテルン第四回大会で決議された。

## 人民戦線戦術の反労働者性

そういうものと『次は何か?』とをかみ合わせながらだな、僕らの統一戦線論は一体どうあるべきか。民族解放民主統一戦線というのが、根底には二段階戦略があるわけだな。ところが、僕らはそうじゃない。プロレタリア革命の路線をつらぬいていくんだけども、その場合にどういう統一戦線論をだすのかということを、そういうトロツキーの理論にふまえてやっていかなければならない。みんなが勉強をする場合には、ディミトロフが第七回コミンテルン世界大会で出した反ファシズム、反ファシズム統一戦線、これは大月文庫にある、国民文庫か、あのディミトロフの『反ファシズム統一戦線論』とトロツキーの『次は何か？』における統一戦線論を比較対照し、そしてさらにトロツキーの理論の克服をやっていかなければならない。

とにかく、ファシズムかアンチ・ファシズムか、というかたちでの思考法、これを人民戦線型現象論的思考法、こういうわけなんだな。こういう思考法というのは、残念ながらジョルジュ・ルカーチという爺さんにもあるわけだ。彼は、ファシズムかアンチ・ファシズムか、というかたちで分ける。これを理論的にいうと、合理主義、ファシズム（Blut und Boden［血と土］）というやつで、非合理主義＝ファシズム、合理主義＝アンチ・ファシズムというかたちで分けるわけだな。そして、『理性の破壊』［河出書房、一九五七年］というような本を書いているけども、あれの分析の方法というのは合理主義と非合理主義で分けていくんだけども、あれは人民戦線型思考法の哲学史への実現というものからうまれた欠陥の書物だ。だけど、あれはルカーチ一人で書ける本じゃなく、まあ二十人ぐらいの弟子使ってやったんだから、別にルカーチが悪いというわけにはいえないけども、方法論は、やはりルカーチの人民戦線型思考法。やはり、ルカーチというのは人民戦線型思考法を今でもぬけだせないらしいな。だから、「反動と進歩」、そういうかたちでしか彼は哲学史を、文学史を分析することしかできないわけだ。「反動と進歩」というかたちでな。それは、ファシズムとアンチ・ファシズムという分け方と密接不可分にあるわけだ。

しかし、それは亡命以後のルカーチであって、若きルカーチ、一九二四年ぐらいのルカーチはそういうのはまだなかった。とくに『歴史と階級意識』〔未来社、一九六二年〕という翻訳、あるいは『組織論』〔未来社、一九五八年〕という翻訳なんかは、「ドイツ革命が流産したのはなぜなのか」、「俺はサンディカリズムにいかれてたのはまずかった」、そして彼がマルクス主義者に、本当にマルクス主義者に思想的になる過程をしめしているという本であるわけだ。非常に難しいけどな、やっぱり『階級意識論』〔未来社、一九五五年〕とか『組織論』というのは難しいけども、読んで害のない、まあ害がある場合もあるけども、読むべき、批判的に読むべき本であるし、決して損しない本だ。

まあ、二十世紀におけるマルクス主義哲学者というふうにいえるのは、その『歴史と階級意識』というでっかい本を出したジョルジュ・ルカーチただ一人だ、というふうにいっていいと思うな。まあ、ルフェーブルも哲学者じゃないかというふうにいわれるけども、やっぱりジョルジュ・ルカーチに比べると格段の相違があるんじゃねえか、というふうに思う。このルカーチというのは一九一九年のハンガリア革命のときには三か月ばかり三十四歳で文部大臣になって、それから五六年にハンガリア革命のときにナジ政権のあいだ、つまり五日か七日間文部大臣になって、ぱくられて沈没していった悲劇的な哲学者だ。ユーゴ大使館に逃げこんだんだけども、結局、またぱくりなおされてな、ナジと一緒に拉致されたんだ。それで、今はやっぱり生きているんだと思うけども「政治活動は一切しない」という一本、スターリニストにとられて、いま『美学』というライフワークを書いているとか書いていないとかいわれる。一八八五年に生まれたんだから、相当の年だよな。大体、頭脳構造も、細胞がもうまずいだろう。

まあ、とにかくそういうふうにしてルカーチがああいう哲学を残しながら（ルカーチは自分の本をドイツ語で、あるいはハンガリア語で書いてんだけども）、しかしルカーチの欠陥が依然として分からないということからして、東ドイツにも西ドイツにも、本当の反スタ運動の萌芽すらもがないんだ。これをどうやってつくりだしていくかということは、やっぱり、ルカーチの思想体系との対決、それを通したわれわれの思想闘争をやりながら本当のマルクス主義の理論をつくりだしていくということをやらなければいけない。

これは一回目に言ったと思うけども、*西ヨーロッパにおける反スターリニズム運動が弱い、あるいはそれが雑炊的だ、世界を「官僚化している」というふうにしかとらえていないという点は、やはりマルクス主義のガイストというものをはっきりとらえていないことと密接不可分につながっているわけだ。そういう展望のもとにだな、今あげたような本を具体的にやっていってほしいと思う。

＊　第一回マルクス主義入門講座「哲学入門」、本シリーズ第一巻の三七〜四〇頁を参照。

## Ⅲ　反マルクス主義の擡頭――小ブルジョア急進主義

第二番目に言うべきことは、こういうふうなスターリニストの分解によってうみだされた小ブルジョア急進主義の諸傾向、これは西ヨーロッパにおいては「新左翼」というふうに言われているけれども、すでに日本においてはそのエピゴーネンができているわけなんだけども、こういう欠陥はどこにあるかというと、スターリニズムとは一体何なのかということへの分析をおこなうことなしに、第一回目の入門講座で言ったように、まず第一のかたちとしては、スターリニズム＝マルクス主義、スターリニズムとマルクス主義とを等しく置く、等置することによって反マルクス主義へ転落していく傾向が一つ。

スターリニズムをマルクス主義というふうに言っちゃえば、スターリニズム反対はアンチ・マルクス主義になっちまうわけだな。こういう傾向はとくに日本において著しく発生している。とくにブント［共産主義者同盟］の崩壊というものを前後としてアンチ・マルクス主義の傾向は非常にでてきている。「一九二四年によってすでにマルクス主義は死滅した、スターリニズムが発生したということは同時にマルクス主義がパーになった」というふうにとらえる傾向、あるいは「社会ファシズム論がでてきたということはマルクス主義が死滅したんだ」というふうに言う。とくに反マルクス主義の傾向というのは組織論と組み合わせながらでてきているのが、日本における特徴である。日本における今日の小ブルジョア急進主義というのは、組織論的な角度から磨きをかけられている。

小ブルジョア急進主義でしかなく反マルクス主義でしかないにもかかわらず、「新左翼」というふうに自称している清水［幾太郎］のやつ、あれはＥ・Ｐ・トムスンなどのイギリスの新左翼の模倣版、思想団体であって大した問題はない。思想的にも独自な思考法、独自に自分たちが考えたんじゃないから、当然のことながら一年もたたないうちに空中分解していくわけだ。これは、現在的には重要な力をもちえない。清水なんちゅう奴は、「今年の参議院選挙で俺が社会党に肩一本入れなかったから社会党の重盛［壽治］が落っこったんだ」なあんてな、えらく図々しいことを喋っているそうだけども、喋っているんでなく書いているんだそうだけども。こういう「新左翼」と自称した安保の畸形児的落し子というのは、今日では社会党へ没入していく、構改派と一緒になって社会党へ没入していったから、これは最後のグループとして批判するであろう。

### 反前衛主義・「自立」思想の倒錯

この小ブルジョア急進主義というもので、ひとつの思想的な力をもっているかのごとくに思われるのが三つある。それは、一つにはガンニズムであり、谷川雁イズムであり（笑）、二つ目が吉本イズムであり、三つ目が埴谷の思想である。第一番目の谷川雁のやつは「アンチ・パルタイ連合」、この場合の「パルタイ」というのは代々木という意味なんだが、「代々木共産党反対の連合をつくるんだ」ということを言っていたけども、今日では「自立」というふうに言いだす。吉本は、谷川が「アンチ・パルタイ連合」と言うのにたいして「アンチ前衛主義」という言葉を使う。……〔テープが途切れている〕……というのは、官僚主義とほぼ同じに使われているな。大体、「前衛主義」なんていう言葉はおかしいんだけども、代々木の官僚化した党を「前衛主義」というふうに言い、そしてこの「前衛主義」反対ということを言う。そして「反前衛主義の立場は自立だ」と、こういうふうに言うんだな、「自立だ」と。

その自立というものの内容は何なのかというふうに言うと、混沌として分からない。インディペンデントならな、もともとディペンデントしているんなら何に寄っかかってたか。寄っかかっていた自分が寄っかかっていたものにたいする分析、つまりスターリニズムとか既成のいろいろな理論にたいする批判もなしに、たんに即自的に「自立」というふうに言う。だから、この自立というのは内容が空虚なわけだ。あるとするならば、他にたいしてケチをつける、それが自立というもんなんだな。理論的内容としては空虚なんだよ。

自立が空虚だということが分かった、そこで、空虚なのを充塡するために自立の「学校」をつくった。だから自立学校というのをパラフレーズすると「無知の知」ということなんだ。（笑）そうやって、無知の知だからな、ちったあ進歩したんだろうけども、無知の知の学校に来ている人というのはまったく自立性がねえんだな。もう、「そんなことでお前たち、自立主義者か」と。大体、自立主義者であると、学校なんて集まんないはずだけどな。「ここへ出てきている自立主義者諸君はまったく自立してないことをまず確認してほしい」というかたちでこのまえ喋ったら、それでもな、ヤジが飛ばねえんだよ、まったくふやけてるんだ。（笑）
そういう自立主義者の集まりというやつが、指導者が吉本であり谷川雁である。この自立というのは裏を返せば小ブルジョア的な自立なんだよ、はっきり言って。ただ谷川雁の場合は違うんだな。あれはドン百姓的精神の自立なんだ。（笑）九州の「土着的エネルギー」というのを猛烈に言う。そういう土着的エネルギー的なドン百姓精神がある点ではな、やはり吉本より優れている。これは、やっぱり僕たちは学ぶべきだ。しかし、それのアナロジーにおいて、革命というのも「都市のルンペン・プロレタリアートに主体的な力がある」というふうに言ったら、すでにもうこれは駄目なんだな。谷川雁は、要するにルンペン・プロレタリアートが革命の主体だと考えている。しかし、われわれはそんなことじゃなく、やはり革命的プロレタリア、基幹産業のプロレタリアートの断固たる闘争、これなしには革命はできないというふうに考えるわけだ。
で、吉本なんかは「反前衛主義」ということを言っていたけども、「これはどうもまずい」と。「前衛は必要だ」というふうにアナキストも言うし、埴谷も言うし、吉本も言うから、この頃の吉本の書いたものを読んでごらん、「前衛はいいもの」になっているから。いつの間にかひっくり返っている。「前衛はいいもの」、ただ「前衛主義はいけない」、こう言ってんだよな。しかし、彼の古いものを読んでごらん、「反前衛主義」の名において一切の前衛的な闘いすらをも否定して小ブルジョア急進主義者の闘いが重要なんだということを言っているわけだ。こういうのをなしくずし的転回という。どうもこの頃なしくずしというのがはやってしょうがないけどな、吉本までなしくずしをやっている。

まあ、これはなしくずしというのはな、思想的原則がな、通らないということなんだ。思想的原則が通らないというのはどういうことかというと、自分と他人の意見の違いがつかないということなんだ。主体性がないということなんだ。俺の意見と他人の意見とがごっちゃごっちゃになっちゃってな、自分の意見と他人の意見とが分かんなくなって二重うつしになって、だから左行ったり右行ったり、右行ったり左行ったり、そういうふうにジグザグをやる。これは、思想というものがな、何であるかということをはっきりつかんでないわけだ。

だから、吉本なんかはかつては「反‐前衛主義」というふうに言ったけど、これは実は「アンチ前衛‐主義」であったわけだよな。革命的プロレタリア前衛へ刃向ったわけだよ、吉本は。ところが、今日は「前衛も必要だ」てなことを言っている。だけども、こりゃあ、実際は吉本の立場は自立、小ブルジョア的自立にすぎない。「自立、自立」と言ってるけどもな、サルトルのような実存的に生きた人はだな、やっぱり他との実存的交通を開始するわけだ。本来、人間というのは、実存的に生きようとしても他との交通において初めて実存、人間的実存というのは獲得される。キェルケゴールの場合には神様的なものとの交通をおこなうし、ヤスパースの場合には philosophische（フィロゾーフィッシェ） Glaube（グラウベ）［哲学的信仰］ということで、何だか分かんねえな、神様だか何だか知らないけど、何だか知らねえものを信仰することによって自分というものを発見するんだけども、サルトルの場合には、ボーヴォアールを発見した。（笑）で、それを「他在」というかたちで実存を規定するわけだよ。

　大体、「おめえら「自立主義者」って言うけども、こういうところに集まってきて、その点までやらねえのか」というふうに言ったらば、黙ってんだよな。そういうんじゃ、まあ「自立」なんて言わねえ方がいい、ということになる。この頃、谷川雁というのは、「俺はアナルコ・マルキシストである」（笑）、こういうことを言いだした。アナルコ・マルキスト、アナルコ・サンディカリストではなくアナルコ・マルキスト。いやあ、これはアナクロ・マルキストじゃなかろうか（笑）、というふうに思うわけだけども、谷川・吉本なんかの場合には何でもいいんだよ、とにかく他人にケチをつけることによって、からくもみずからの主体性らしきものを獲得していく。だから、アナキストとも喧嘩するんだけど、裏側からアナキズムの思想を輸入している。

## アナキズムの思想

で、ひとつの特徴としては、ヨーロッパにおいてもそうなんだけども、百人委員会*なんかの思想というのは、明確にアナキズムの現代版であるというふうにいうことができる。「非暴力直接行動」というのが彼らの直接的な中心的スローガンであるわけだ。ところが面白いんだよ。「非暴力」というのはな、ガンジー・スタイルじゃないんだよ。こう言うんだそうだ。「われわれは非暴力の新しい形態を核実験反対闘争によって獲得した。それは何か。お巡りをプッシュした」、こう言うんだよ。（笑）こういう、お巡りをプッシュしたのは「非暴力の直接的行動の新しい形である」と、こうやってな、反戦集会で喜んでいるそうだな。まあ、ともかく面白い。

＊　イギリスの反戦平和団体で、労働者部を中心に「米・ソ核実験反対」の闘争を展開。日本全学連の「赤の広場」デモに連帯アピールを寄せた。

「非暴力」といっても彼らの場合には、スクラム組んでたたかうことをしないんだそうだな。それでまあ、とにかく彼らがお巡りにぱくられるときに三千人とか何とか多いっていうんだけどもな、あれはとにかく、スクラムなんか組まないんだそうだ。とにかく、デモなんかはふわふわ、ふわふわやる。そうするとお巡りが頭と足持ってぽっぽ、ぽっぽ車の中に入れる。車が発車しだすとなると、百人委員会の連中が車の前へゴロッ、ゴロッと寝るんだな。それから、或る人はトラックの下にゴロッと入るんだ。そうすると、「チキショー」というんでお巡りが引っぱってポーンと入れるんだそうだな。てんでもう、日本の闘争とはずいぶん違うらしい。まあ、それが「非暴力直接行動」というやつなんだな。

ところで、この「非暴力」というのではなく「直接行動」という思想はアナキズムの思想であるわけだ。それで、アナキストの場合には「非暴力直接行動」の場合と「暴力的直接行動」と二つあるんだよな。キュッと殺しちゃうというのもあるんだよ、アナキストのなかにはな。一人でも殺すという構えをとってる場合もあるけども、とにかく、全世界的な規模においてひとつの特徴は、スターリニズムの分解によって、プチブル・インテリがアナキズム的な思想を受け入れているというのが全世界的な規模における特徴だと思うな。全世界的な規模といっても、インテリのいるヨーロッパとか日本、日本もインテリかい、まあそんなのがな、アナキズムの傾向、無自覚的アナキズムがでてきている。たとえば鶴見俊輔なんてのはあれは自称アナキストなんだよ、あれでも。

こういうアナキズムの思想を本当に思想としてやっているというのが一応、埴谷雄高だというふうに僕は考える。埴谷は自称「二十五世紀の人間」であるそうだけども(笑)、そして彼は、まさにそのような立場からアナーキーなる世界、無政府なる社会、それは同時にわれわれも無政府な社会にもっていくわけだ、しかし埴谷さんは、そういう無政府の社会から現実を眺めるわけだ。しかし、われわれは無政府へたどりつかなければならない、この醜悪なる現実から出発するんだな。そういう意味においてはまったく逆だ、ベクトルが逆だよ。しかし、この埴谷のやつというのはまったく観念的なところからでてきてるわけじゃない。それは、たとえば『幻視のなかの政治』〔中央公論社、一九六〇年〕という政治論文があるけども、ああいうのはスターリニスト党にたいする批判、スターリニスト党の官僚主義にたいする批判などがなされているわけだ。そういう意味において、面白い本であるというふうにもいえるけども、非常に彼の文章は難しいから、そんなに読む必要もない。

しかし、彼らの三つの思想、雁イズム、それから吉本、これは要するに「自立主義」というふうに言ってもいいけども、埴谷は「自立主義」なんてことは言わないな。それで、「花田清輝なんかは挫折を知らぬ敗残者だ」、しかし、埴谷、「俺は挫折を知っている敗残者だ」というような立場で位置づけているわけだな。しかし彼らは反権力、反政府、反国家、反官僚主義、反スターリニズム、というようなところではわれわれと一致するわけだ。まあ、そういう意味において部分的な同一性もある。しかし、彼らはずるい。彼らというか、埴谷さんはずるい。それは、二十五世紀でニタニタ笑っているだけだからな。現実に泥にまみれて手を汚してやっていく、そういうことをやらないわけだ。しかし、そういうことをやることがプロレタリアの闘いをおしすすめていくことになるんだけども、そういうことをやっていない。

日本においては、こういうスターリニズムと、吉本、谷川雁の場合なんか、とくに典型的には吉本の場合にはスターリニズム＝マルクス主義で「マルクス主義は古くなった」という立場をとるわけだ。谷川雁の場合には「マルクス主義は古くなった」とは言わない。埴谷の場合にはノーコメント。やはり、彼は二十一歳の時にレーニンの『国家と革命』と対決し、彼はアナキストであったんだけども、ついに国家の問題でアナキズム的な国家のとらえ方じゃパーだというふうにして、彼は日本共産党の農民部長になって二七年テーゼ、じゃねえや三二年テーゼというものの作成のために努力したことがあるわけなんだな。だから、よもや「マルクス・レーニン主義は古い」なんてことは言わない。事実、ハンガリア革命の直後の埴谷が喋った座談会*では、その場合に埴谷はレーニンの『国家と革命』の立場からハンガリア革命をとらえてるわけだな。

＊　座談会「現代革命の展望」『世界』一九五七年三月号、『スターリン批判以後　下』（こぶし書房）四二二頁以下を参照。

まあ、そういうマルクス主義とスターリニズムとを等置し「マルクス主義は古くなった」というふうに言って「自立」を唱えている典型的なかたちが吉本であるわけなんだけども、しかし『擬制の終焉』という本を出すことによって、みずからの思想的終焉を告げ知らせたわけだ。しかし、やっぱり「『終焉』以後」なあんて言って、もう一度息を吹き返しかかっているけども、あれにたいしてはやはり不買運動おこして打倒していくことも組織的闘争の一環であるわけだ。（笑）

## スターリニズムと共産主義とを等置

第二の流れとしては、スターリニズムを共産主義と等しく置くことによって「反共」を唱える右翼社会民主主義者があるわけだな。スターリニズムをこんにち共産主義、共産陣営という場合によく右翼が突っかかるけども、あれはスターリニズムと共産主義を等しく置くわけだ。そして、スターリニズム反対を反共にすべらせていく。これは、われわれの立場ではないし、ほかならぬこういうごまかしをやる、スターリニズム反対は反共だというふうにねじ曲げるのは、代々木の論説委員とかそういう抜け作がやってるわけだ。

　で、スターリニズムを共産主義と等置するというごまかしは、われわれの革命的共産主義運動、反スターリニズム運動があることによって日本ではあまりない。しかし、ヨーロッパにおいてはコムニズムとスターリニズムとは等置されている。だから、マルクス主義の伝統を受け継ぐやつはソーシャリズムというかたちで言われている。これはすでに言ったけども、ヨーロッパにおける反スターリニストらしきものは自分をコムニストとは呼ばない。レーニニストとも呼ばない。ソーシャリストと自分を呼んでいるわけだ。しかし、これはスターリニズムそのものにたいする分析が欠如しているからだな。しかしわれわれとしては、スターリニズムとは一体何なのか、そういうものの分析にふまえつつ似非マルクス・レーニン主義、嘘の共産主義として彼らを弾劾し、真のマルクス・レーニン主義的なコムニズム、それが反スターリニズムの革命的共産主義なんだ、というかたちでわれわれは提起しているわけだ。

　ところが、われわれのように反スタ革命的共産主義運動というかたちで展開しないヨーロッパの反スタ的なソーシャリスト諸君は、今日の世界、両体制がいずれも官僚主義の方向にむかっている、ソ連のような官僚主義にたいしては社会主義を対置しなければならない、と。その場合に、彼らが社会主義という場合には「労働者による生産の直接的管理だ」、こういうふうに言う。だが、どうやって、という組織的な根拠の解明はおこなわない。そういう現象的な把握、ヨーロッパにおけるもっとも最左翼的な、反スタ的な人ですら、「現代資本主義は価値法則はない」なんていうことを言うんだな。価値法則というのは一体何なのかということすらも、われわれと［異なる］、つまりマルクス主義的なつかみ方がなされていないわけだよ、彼らには。

価値法則というのは資本主義社会の根本的な法則だし、賃労働者が存在するかぎり、いいかえれば労働力商品があるかぎり価値法則は貫徹されているわけだ。ところが、近経［近代経済学］的な価値法則の理解、つまり価値法則を等価交換の法則として、スターリニストもそうだが、等価交換の法則としてとらえれば、独占価格によってそういう価値法則が変質している現代資本主義社会においては当然、価値法則はない、てな主張になる。だから、「現代資本主義には価値法則が貫徹していない」というようなことを言う反スターリニスト的ソーシャリスト、これは、マルクス主義的な価値法則の理解のしかたがぬけているからなんだ。

もしも、価値法則のマルクス主義的把握がぬけているならば、現代資本主義をつかむこともできなければ、そしてまた今日のソ連の現実、経済構造すらもつかめない。だから、われわれはヨーロッパにおける最も左翼的な潮流、反スタ左翼的な潮流にたいしても、こういうマルクス主義のイロハを、マルクス主義経済学のイロハを貫徹すると同時に、ロシア革命を貫徹した前衛組織論、レーニスト・パルターイの本質は何なのか、「レーニンの党はつねに官僚化する」というようなアナキスト的な把握では駄目である。レーニンの組織論の欠陥はどこにあったのか、そしてその「職業革命家集団」としてのレーニンの前衛党から本当の革命的プロレタリアの政治的結集体としての前衛党概念への新しい脱皮、これをわれわれがやってるわけなんだけども、こういう理論をだな、やはりわれわれの闘争の成果にふまえながらだな、ヨーロッパの反スタ運動にもっていかなければならない。

## Ⅳ 現代の社会民主主義

第三番目として、現代の社会民主主義というものについて簡単にふれていきたい。

社会民主主義というのは、ほかならぬレーニンがたたかった第二インターナショナルの改良主義をいうわけであるけれども、現代の社会民主主義という場合に、大きく分けてふた色ある、今日の日本において。いわゆる労農派系の系統をひいたところの、マルクス主義というものの匂いをちょっとんばかり漂わせた左翼社会民主主義、これが社会党左派とか向坂派なんかのやつな、ああいうのを大体考えればいい。左翼社会民主主義者、そのマルクス主義を「講壇マルクス主義」と言う、革命的マルクス主義ではなくな。こういう演壇だ、講壇マルクス主義、と。もう一つのやつを右翼社会民主主義と、こういうふうに分けることができる。今日の右翼社会民主主義というやつは、明確に構造改良路線をとってきている。かつて民社党と社会党とが別れたときに、民主社会主義と社会民主主義というんで、ライスカレーかカレーライスかという論争がなされたけども、そういう右翼社民の最も西尾［末広］的なやつはさておいて、大別して右翼社民と左翼社民とに分けることができる。

みんなも知っているように、左翼社民の今日の流れというのはますます代々木路線に似通ってきている。とくに北京放送を諸君が聴けば分かるように、社会党の左の部分を代々木にくっつけるための宣伝を盛んにやってるわ。社会党を左と右に分解させ、左の部分を民族主義路線にのりあげ、そうすることによって代々木とくっつけるための解説を盛んにやっている。で、この左翼社会民主主義というのは純粋マルクス主義的なところがある。講壇マルクス主義だからな。原則ばかり言って現実的な問題をあまり言わない。とにかく、その場合の原則といっても具体的なのがあまりなくて、とにかく左翼スターリン主義的な闘争をやるという意味においては、まあ右翼社民よりも断固やるけれども、大体の傾向としては、今日の日本の「独立」なんかを言いだして、だいたい代々木に近くなっている。これは、社会主義協会というのが一応、理論的なバックボーンをなしているわけだな。

で、われわれが中心的な、直面する社会民主主義というのは右翼社会民主主義であり、そして、これが今日では構造改革路線といわれているものによって武装されている。じゃあ、トリアッチ主義者の構造改革路線と社会党のいう構造改革路線とどこが違うのか、これはあまり明確ではないわけだな。ことのおこりは、やはり根っこは一つ、イタリアの構造改革路線であるわけだ。だから、そんなに区別する必要はないし、理論的にはもっぱら社会党系の人たちはイタリアの諸文献に頼っているわけだ。この構造改革路線の具体的なかたちが、たとえば炭労なんかの政策転換闘争というかたちでいわれている。この政策転換闘争、構造改革路線といわれるものの理論的な背景は一体何なのか、ということについて喋るにとどめておきたい。

## 構造改革路線のまやかし

この構造改革路線は依然として第二インターナショナルの社会改良主義の路線にのっかって

いる。いいかえるならば、社会改良主義の路線の現代的な言い換えが政策転換闘争である。だから、根本的には改良主義とは何なのかということが分かればたちどころに答えがでてくるわけだ。

改良主義というのは、この前も言ったように、プロレタリアートの改良的な要求、賃金の値上げ、大幅賃上げ、合理化反対、そういうような改良的な要求の遂行を自己目的化する。いいかえるならばブルジョア的生産関係、あるいは生産手段の所有関係、そういうものに一指もふれることなく、奴隷状態の改善を要求する。ここに改良主義が発生する根本的な根っこがあるわけだ。生産手段の所有関係あるいはブルジョア的生産関係というものへ一指もふれることなく奴隷状態の改善を要求する。だから、そういう改良的な要求が改良主義的なものになってしまうわけだ。

改良的要求と改良主義とは違うんだな。われわれもまた、改良的要求を提起するんだよ。だけども、それをプロレタリア的要求に絶えず高めていくわけだ。ところが、社会民主主義者というのは、そういう改良的要求をそれ自体として止めちまう、そして自己目的化する。そこに改良主義が発生する。これは、戦略戦術的には二段階革命論と不可分に結びついている。そして綱領問題においては、最大限綱領と最小限綱領とを切り離し、プロレタリア的要求と改良的な要求とを切り離し、最小限綱領をそれ自体として追求する、そういう立場が改良主義の根底にあるものだ。

改良的要求をだすのが悪いんじゃないわけだな、それが改良主義へ転落していることが悪いんだ。たとえば、去年のわれわれは、或る製糸工場の便所をきれいにする闘争をわがマル青労同［マルクス主義青年労働者同盟］がやったということは諸君は知ってるだろ。つまり、赤痢が寮にはやってしまった、こういう赤痢の蔓延というのは独占資本は放送されるとピンチなわけだ。ところが、そういう赤痢の蔓延にたいして「便所きれいにしましょう」という改良的要求を掲げてたたかったわけだよ、反スターリニズムの旗を掲げるわがマル青労同がな。それは原則なんだよ。それと同様にね、各大学において自治会的な規模でいろいろな問題、学内民主化の問題が起こったら、それは改良主義だというふうにとらないでな、やはり全学友の問題になるような問題は積極的にわれわれが提起し、そういう闘いを通して代々木とかな社青同なんかが本当にはたたかえないんだということを滲みでるようなかたちでの闘争をやっていくべきなんだな。

だから、改良主義というものと、改良的な要求を掲げていく［こととは異なる］。改良的要求というのがな、ぴーんとこないで改良主義とごっちゃにする人は、まあ「過渡的な要求」と言っても結構だよ。現実変革的な要求だな。そういう現実変革的な一切の要求をプロレタリア的な要求へ高めていくという闘いをやること、これがわれわれの原則なんだ。そういう闘いを組むことを通して反社民・反スタ的な内容を入れていくわけだな。

ところが、改良主義者というのはそうじゃなく、ぶっ切っちゃうわけだ。そして、それ自体として要求していく。だから、これが具体的にはどういうかたちになるかというと、生産関係の変革ということをめざすんじゃなく、ブルジョア政府にお願いする。国会請願というかたちでやり、労働運動というのは議会内における社会党と自民党との取り引きの道具、圧力団体にまで労働運動がおとしめられているわけだ。こういうようなかたちでは、院外闘争といわれるけども労働運動が院外闘争というかたちでしか、つまり圧力団体としてしか機能していないということは、ほかならぬ今日の労働運動が改良主義、政策転換闘争の路線のレールの上にのっけられているひとつの証拠であるわけだな。だから、そういう「政策転換闘争ナンセンス、分かってる」と言うんでなく、それはこういう、いま言ったような二段階革命論、あるいは最小限綱領の絶対化、改良的要求を改良主義に歪め縮めていってしまう、そういう誤謬が背後にあるということをはっきりつかんでおかなければならないわけだ。

しかも、それが生産関係に一指もふれない、それからブルジョア的生産手段の問題についても一指もふれない、このことを構造改革派の理論家に、まあ括弧づきの「理論家」に言わせれば、「資本主義社会の内部においてすらブルジョアジーとプロレタリアートの矛盾は部分的にアウフヘーベンされる」、こういうふうに言うわけだ。これは資本主義的疎外、こういうでっかい枠内における部分的な疎外の止揚、資本制的な疎外という枠内における部分的な疎外のアウフヘーベンと、資本制的という歴史的に独自的な疎外そのものの変革、この区別と連関をはっきりつかまえていないからなんだよ。部分的なものをいくら積み重ねたって全体にならないというのは、弁証法のイロハなんだよ。ところが、その部分を積み重ねていけば全体になるかのごとくに考えるのは、構改派が弁証法をつかんでいないということをはっきりしめしている。

その資本制的な階級的疎外の枠内における部分的なアウフヘーベンというのはどういうことかというならば、資本が独占資本というかたちになっていって資本蓄積様式が変ってくる。さらに独占資本だけで足んなくて国家独占というかたちにまで拡大されていく、資本蓄積がより膨大化していく。そういうふうな、国家をも資本のもとに従属化させることによって資本蓄積の様式が形態転化していくわけだな。それに見合ったかたちでプロレタリアートの側もさまざまな現実形態の転化がおこなわれている。

こういうふうにとらえればいいものを、国家独占資本主義を強めること、たとえば炭鉱国有化なんかだな、あれはまあ、国家だってあんなの背負いこむのはやだよ、というんで「炭鉱国有化なんかやりたくねえ」というふうに言うけども、「だから革命的だ」なあんて構改派は言っているけども、ああいうブルジョア資本制的という、そういう枠内、でっかい疎外といったらまあ悪いけどもな、全体的な歴史的独自的な疎外の内部に、やはりな、矛盾が発生すりゃあブルジョアジーがそれを部分的にせよ解決していくわけだよ、さまざまなかたちで。それは本当の解決じゃない。無自覚的、自然発生的に解決していくわけだ。

ところが、そういう部分的な改良というのをそれ自体あたかもプロレタリア的な要求であるかのごとくにみなして、資本制的矛盾の……［テープが途切れている］……この政策転換闘争というものがナンセンスだということはみんな分かっているけども、その政策の裏側にあるやつというのは構造改良路線。「資本制的な枠内でも、やはりプロレタリアの要求は実現できるんだ」、こういうことを言うけども、その場合、賃上げというのをプロレタリア的要求だということにしてしまうからな、あたかも資本主義社会においてもプロレタリア的な要求が通っていくかのごとくに錯覚していくわけだ。

大体、革命というのは本質的な質的な転換であるわけなんだが、構改派にあうと量的蓄積の結果として質的転換がおこなわれるという、そういう弁証法を忘れてしまっているわけだな。何でも量的に積み重ねていけば何とかなるだろう、というふうにとらえている。そういうのはね、レーニンが言った「飛躍の弁証法」なんていうのを完全に忘れちゃっている思考法なわけだ。だから、構改派の部分的な理論がおかしいんじゃなく、そういう思考法からもおかしいんだということをはっきりつかみとっていかなければならない。

まあ、構改派の理論というのは実に単純で分かりがいいから、分かりがいいというんで馬鹿にしないで、やっぱり彼らのがおかしいんだということを、もうちっとスターリンの二段階戦略、一国社会主義論、そういうものから全体的につかみとってほしいと思うんだな。「あれは改良主義だ」、それは分かってんだよ。だが、どこがどう改良主義か、という点についてはっきりつかんでいかなければならない。

**労働組合主義**

右翼社会民主主義者の政策転換闘争と密接に結びついた組織論というやつは労働組合主義、というやつが、はっきりとここでやっぱりつかまえておかなければならない。今日の労働組合というのは、基本的に日本の場合には社会民主主義者によって牛耳られている。だから社民ダラ幹という場合には、労働組合のシャッポでとぐろ巻いてる奴らをいうわけなんだが、労働組合というものは社民ダラ幹のもとにがんじがらめにされているというかたちになってきている。これにたいして代々木共産党は、独自の代々木直系の組合づくりをやるという方針のもとに、少しずつ現在はじまりかかっているようだな。

とにかく、この労働組合というのが、本来はだよ、本来は労働者の生活を守り権利を守り利害を守るために労働者自身の力によってうみだされたわけだ。だから、労働組合をつくるということそれ自体がひとつの革命的な闘争であった、かつては。たとえばロシアの場合なんかは、この労働組合をつくるということそれ自体がひとつの革命運動でもあったわけなんだ。ところが、現代日本においては、ポツダム組合とかいわれるように労働組合というのは下からつくられていったんではなく上からつくられていった。しかも、日本の労働組合は産業別というヨーロッパ型においてではなく企業別につくられてきた。上からつくられ、かつそういう企業別につくられてきたということからしてだな、いいかえるならば労働組合は組合員の自主的な力によってうみだされたのではない。そこからして、労働組合というもののとらえ方というのも、日本の労働者とヨーロッパの労働者とのあいだではかなり違うんだな。

この労働組合というやつが、今日の時点においては、戦後十何年たった今日においては、すでに社民ダラ幹によって制覇されている。こういう組合、あるいはスターリニストと社民ダラ幹との分割支配というかたちになっている。ところが、スターリニストや社会党というやつは本当に労働者の闘いを前におしすすめる闘いをやっているわけではない。じゃあ、本当に労働者の利益を守るには一体どうしたらいいのかということが、この労働運動が本当に前進することなく右傾化しているこの現状のなかで下部から噴出してきているわけだ。

で、この労働組合にたいして右から分裂しているのが、右翼、西尾の民社が労働組合の右からの分裂策動をおこなっているわけだな。国鉄の場合なんか新生民同、今度新しく名前変えたの忘れちゃったな、なんか五万人の組合員を集めて組合をつくった、と。新国労か。ああいうのは右からの分裂だ。これにたいして、そういう分裂ではなく、労働組合というものの現在の現状にふまえ、なおかつ、その組合の利益を本当に守るのは俺たちだという闘いが、いま方々でおこなわれているわけだな。だから、こういう社民ないしはスターリニストによってがんじがらめにされている労働組合を本当に強くするという闘いは、労働組合の中に、いわばだよ、二重権力的なかたちの闘争を絶えず創意的につくりだす闘いをおこなっていかなきゃならない。

すでに、日本の場合でも、既成の労働組合の指導部がちゃんと闘争を指導しないという場合には、ストライキ委員会、工場委員会というものがつくられているわけだ。これは既成の労働組合の幹部に縛られることなく、下からの創意によってストライキを実際にやりとげるんだという下部労働者の力、これを表現するために今まであった労働組合とは違ったかたちで、ストライキ委員会ないしは工場委員会というかたち、当面の闘争をやっていくためのそういうストライキ委員会、工場委員会というようなものをたたかいとって、そして自分の要求を貫徹するという闘争を組んできたわけだ。こういうかたちでやっていくのは左翼的な批判であるわけだな、既成の組合にたいする。この場合には、当面の闘争というかたちでストライキ委員会、工場委員会がつくられるわけで、労働組合が直接的に左翼的に分裂するという結果をうみだすとは必ずしもいえない。そういうストライキ委員会や工場委員会をつくってたたかうことを通して、下部の大衆に既成の労働組合の幹部に任せといたんじゃ駄目だということを自覚させることによって組合を全体として強くする方向にむかっていく場合もある。

それから、もう一つの場合には、明確に左翼的に労働組合を分裂させてしまうという場合もあるわけだ。われわれコミュニストは、そういう既成の腐敗しきった労働組合を左から分裂させるという、そういう事態の発生をも決して恐れてはならないわけだ。もちろん、そういうふうに分裂していくことのみを追求することほど馬鹿げたことはないけども、しかし、われわれの或る一定の闘争の高まりにおいては、そういう左からの分裂という可能性をも予知した闘いがおこなわれなければならないわけだ。

## 動労の闘いと反スターリニズム運動

実際に、今たたかわれている動力車の闘い*というのは非常に大きな闘いであるけれども、この闘いはかなり深刻な闘いである。すでに、締めあげがずいぶんおこなわれているし、闘争を流産させるかたちでの右翼的な策動が盛んにくりひろげられているわけだ。にもかかわらず、安全運転闘争をたたかいぬこうとし、そして事故防止委員会からの脱退を決議したあの大会の決議をやはり通さなければ駄目だ、という闘いをだな、歯を食いしばりながらやっている。

＊「動力車労組の運転保安闘争――政治局内多数派による二段階戦術の強要を粉砕」『革マル派五十年の軌跡』第二巻（あかね図書販売）所収を参照。

で、この闘争というのが、一応、これから誰か報告があると思う。具体的に諸君の闘い、諸君もまたその安全運転闘争の一環を担うかたちでの闘いをやらなければならないわけで、その具体的なことは後で指名されるであろうけれども、この動力車労組の闘いというのは簡単に起こったことではなく、過去五年間におけるあの内部でたたかってきた最も左翼的な部分、かつては斎藤一郎のフラクションにいた、そういう革命的、最も先進的な労働者諸君がわれわれの反スターリニズムの運動と接触し、そういう革命的マルクス主義の理論を体得し、その立場から方々にさまざまのケルンをつくりあげてきた。そういう過去四、五年間の経験にふんまえながら、ようやくああいうかたちでできてきている。しかし、われわれの力は依然として弱いんだ。

しかし、ここの雪崩をうって右傾化しているこの現状において、とにかく動力車の闘いを、国労の闘いと提携しながらここで一発やるということはだな、本当のたたかう労働者というのはこうなんだということを、ただたんに国鉄の労働者だけでなく日本の全産業の労働者に呼びかけ、そして共闘をおこなっていき、構改派の路線にのっかった政策転換闘争とか企業防衛路線じゃナンセンスなんだ、そういうことを実際の闘いをつうじて明らかにしていかなければならないわけだ。

この闘いをおしすすめていくということは、これはまあ、具体的には分からないけども、さまざまなかたちの分裂ということも予想されないわけではないだろう。しかし、この闘争をおしすすめていくということはだな、官公労とくに動力車が戦闘性をもっているからという、そういう単純なとこにあるんじゃないということをな、もう一歩つかまえてだ、戦闘的な労働運動というだけでなくだな、その戦闘性というものがどっからうみだされているのか、数は少ないけども、われわれの同志がだな、そういう闘いを方々でやっている。それが、今度どこに拠点がおかれるかよく知らないけれども、東京の地方でもどっかやられるらしいから、その闘いに諸君も参加してほしいわけだ。

　この具体的な問題は後で喋られるであろうから、これぐらいにして、とにかく、労働運動、労働組合というのは、本来労働者の生活と権利と利害を守るためにつくられたんだが、しかし、現段階における労働組合というのは社民ダラ幹の巣であり、あるいはスターリニストの道具でしかない。こういう場合には、労働者は自分自身の利害を守るためにストライキ委員会、工場委員会というようなかたちでの、いわば労働組合内における二重権力というようなものをつくりだしてたたかうことが必要なわけだ。そして、これが将来的には労働者ソビエトあるいは労働者評議会だな、そういうものを創造してゆくひとつの訓練ともなるし、その組織的母胎ともなっていくわけだ。このストライキ委員会とか工場委員会の問題は、前衛党組織論との関係において追求されるべき理論的課題がなお残されているんで、僕自身としてもなお研究しなければならない状態にあり、詳しいことは喋れない。

　しかし、とにかく、今日の労働組合というものにたいして二重権力的な闘いを組合内においてたたかい、そしてこの闘いの積み重ねを通してブルジョア国家権力にたいして敵対するプロレタリアの統一ソビエト、これをつくりだしていく闘いをやるわけなんだけども、将来的には。そういう闘いを、現在の労働運動の内部においても二重権力的な闘い、的な闘いをやり、そしてそれをブルジョア権力に敵対するプロレタリア権力へ高めていく組織的な訓練というか準備とかいうようなやつを、革命的前衛、プロレタリアが目的意識的に追求していかなければならない。

ところが、構改派の路線は、こういう組織、プロレタリアートが本当に自分自身の利害を貫徹していくための組織をつくるんだということについては一言も語らない。彼らは、ただもっぱら議会内で何とかするという、議会の問題に一切をそらしていく。しかし、われわれがスターリニストや社会民主主義者と決定的に異なる点の主要なる点は、彼らは議会とか政府とか言うけれども、僕たちはそうじゃなく、労働者の利害を本当に貫徹する組織――パリ・コンミューンの労働者がつくりだしたあのコンミューン、ロシア十月革命の、ロシアのプロレタリアート・農民がつくったあのソビエト、そして一九五六年のハンガリアの労働者・学生・兵士がつくったあのソビエト。こういう未来社会の組織という問題に一顧だにあたえないのがスターリニストであり社民であるわけだ。ところが、これにたいしてわれわれは、トロツキーの伝統、「統一戦線の最高形態がソビエトである」、こういうトロツキーの伝統を受け継ぎ、そういう立場から僕らの革命をやるための組織的母胎をつくっていかなければならない。そういう闘いを組織するテコとして、いま前衛党の建設、労働者党の建設ということが当面の課題として追求されているわけだ。

そういう全体的な展望のもとにだな、スターリニズム、およびスターリニズムの分解から発生してきたさまざまの小ブルジョア急進主義、そして伝統的な右翼社会民主主義のハイカラ版としての構改派の政策転換闘争、しかもこの構改派の政策転換闘争にたいしてスターリニストが左からのつっかい棒をやっている、この現実を暴露して本当に革命的にたたかう労働者はマル青労同であり全国委員会であるということをはっきりとうちだして、前衛党、プロレタリアの党建設ということを日本において着実におしすすめ、そしてそれを西ヨーロッパに、そしてさらにソ連圏の内部につくりだしていく、そういう大きな闘いをわれわれは背負っているわけだ。

大体、これまで五回にわたって簡単に述べてきたけども、一応そういうことを念頭におきながら、あとは諸君自身がだな、自分自身で自分が断固としてたたかっていけるような立場と思想と理論を磨きあげる。このことは、他人から聞いたりなんかしたりできないんだよ。やっぱり根本的には自分で主体化し、そして仲間と討議し、自分の意見がどう狂っているか、あるいは一致するか、というその討議をつうじて自分自身の思想を高めていく。そのために、マル青労同なりマル学同という組織の会議がもたれるわけだし、その組織の会議は学習会的におこなわれなきゃならないし、学習会は政治組織的におこなわれなきゃならないんだよ。だから、学習会は学習会、政治会議は政治会議というような形式的な分離というかたちであってはならないんであって、こういう学習会においても政治的な問題を討議する。これは、なんら「非組織的」ではないし、*政治的な会議においては学習会的な理論的な高度なやつをやる。そういう相互媒介、まあ、これは弁証法のイロハだけど、そういう相互媒介をやらないで形式的に分裂するから、サークル主義がでてくるし、片っ方では政治主義がでてくるわけだ。まあ、そのぐらいの組織論はわきまえたうえで、学習会をやり政治的な会議をもっていけばそれでいいわけだ。

＊　黒田が労働者大学で政治局内多数派の批判をおこなったことにたいして、ブクロ官僚が「非組織的」と非難を加えたことへの批判。『日本の反スターリン主義運動　1』三五八頁を参照。

まあ、とにかく当面、闘争があるから、諸君も全力をあげてその闘いに参加し、まあ正月休みにはモチ食っておなかをふくらましているんでなく、やっぱり腹はすかして、そうしないと頭がよく動かないからな、まあいい程度に食って、そして少しがっちり自分の思想を高めるための闘争をやってほしいと思う。そのための素材となることを一応五回にわたって喋ったにすぎず、今後これを具体的に、来年からどうするかということは諸君のそれぞれの要求に応じてやりたいと思うから、Ｍ［マル学同］の支部では討議し、そしてそれをＭの書記局にあげてほしいと思う。

どうも、風邪ひいちまって、声が出ないんで、この辺でくたびれたから勘弁させてほしいと思う。（拍手）

（一九六二年十二月九日）

# 小ブルジョア・ラディカリズム批判

――一九六九年6・15集会へのメッセージ――

反戦・反安保・沖縄闘争を日々たたかっている労働者・学生・インテリゲンチャ諸君！

Ｂ52撤去、沖縄人民解放をめざしたわが沖縄マルクス主義者同盟を先頭とした沖縄の労働者・学生の闘い。これに呼応し、かつ反代々木の一切の党派の闘争放棄をのりこえ弾劾しつつたたかった2・4闘争を発端として、われわれは4・28闘争を、そしてまた愛知［外相］訪米阻止の闘いを、さらにＡＳＰＡＣ（アスパック）［アジア太平洋閣僚会議］の闘争を続けてきた。＊この闘いは、七〇年安保実質上改定期を目前にし、かつ今年［一九六九年］の秋の佐藤訪米阻止の闘いを展開する前哨戦をなしていることはいうまでもない。

＊　二月四日「Ｂ52撤去・沖縄ゼネスト」の中止を弾劾しての闘い、四月二十八日「沖縄デー」闘争など。『革マル派　五十年の軌跡』第五巻（あかね図書販売）〈年表〉二八八〜二八九頁を参照。

だが、とりわけ4・28闘争を「十万の労働者・学生をもって首相官邸を占拠し全首都を制圧する闘い」として展開すべきことを豪語した行動左翼諸分派は、しかし、ただわずかに線路上を占拠し大量逮捕を現出させたにすぎなかった。こうすることによって彼らは、愛知訪米阻止の闘いを放棄しただけでなく、5・30の国鉄労働者の反合理化闘争の組織化、それへの支援闘争をも完全に放棄したのであった。この事態のなかには、彼ら行動左翼集団の誤謬、そのまやかしが如実にしめされているといわなければならないだろう。

なぜならば、彼ら行動左翼諸集団は七〇年安保闘争を「階級決戦」としてとらえ、それに向かって街頭闘争を武装蜂起主義的に断固として推進することによってそれがかちとられうるのだ、というように幻想を抱いているからである。相次ぐ資本家的合理化攻勢のまえに敗退に敗退をかさねているわが労働戦線の深部に真の革命的前衛をつくりだす、この苦難な闘いの彼岸において、彼らはただもっぱら反戦青年委員会のメンバーを街頭化させ、彼らに棍棒を持たせ、「武装蜂起」闘争をやるならば、それによって革命への血路がきりひらかれるなどと錯覚しているからにほかならない。

だが、このような街頭闘争の武装蜂起主義的エスカレーションをもってしては、国家権力はびくともしないのである。彼らはかすり傷を負っているにすぎない。武装蜂起主義者諸集団が国家権力の破壊を狙っているわけであるけれども、しかしそれ以前に、ほかならぬ国家権力は今なお無傷のまま、むしろかかる国家権力を破壊せんとしている組織そのものの破壊に着々と成功しているという この厳然たる事実を、われわれは明確に認識する必要があろう。

だが、諸君。国家権力の弾圧の厳しさ、われわれの組織破壊を狙ったさまざまな陰謀と弾圧と破壊にたいして、われわれが恐怖したがゆえに右のようなことを言っているのではない。あるいは、社会民主主義者や代々木スターリニストが言うような日和見主義的な態度から、われわれは右のことを言ったのではない。ほかならぬわが革命を実現することをめざし、ただそのためにこそ、われわれは現時点におけるわれわれの闘いを整備しなければならない、そういう視点から言ったにすぎない。

## I　行動左翼集団の破産とわれわれの原則的闘い

つねにかならず、絶えず、いつでも・どこでも、武装闘争的な形態をとることが革命党としての証しでは決してない。「七〇年安保決戦」をめざし、そのために一切の闘争形態を武装蜂起主義的に展開しようとたくらんでいる一切の行動左翼諸分派と、それゆえにわれわれは四月闘争いご明確に袂を分かち、われわれの大衆闘争の原則的な展開を、そしてまた柔軟な闘争をくりひろげてきたのであった。われわれは、あらゆる場合に武装闘争形態を適用するわけではない。時と場合に、それはよるのである。それゆえにわれわれは、武装蜂起集団化したということの認識にふまえつつ、反代々木行動左翼諸集団との革命的な分裂をあえて推進し、われわれの独自な闘いを現に今くりひろげつつあるのである。

このようなわれわれの闘いにたいして、とりわけ学生戦線においては、「全自連、メンシェヴィーキだ」とかいうような非難や誹謗が投げつけられている。そしてまた、労働戦線の深部で苦闘しているわれわれの同志たちや戦闘的労働者にたいしては「社民左派だ」というような非難が投げかけられている。だが一体、このような非難はどこからでてくるのか。

いうまでもなく、彼らは非公然活動の展開をば合法主義とみなすのである。彼らの闘いは公然活動即非合法活動とみなしているにすぎない。彼らはあらゆる闘いを既成の枠からはみだすかたちにおいて展開すると同時に、このはみだしは非合法活動の展開とみなしている。だが、前衛党の闘いは、いつでも・どこでも非合法活動を展開する点にあるのではない。合法活動と非合法活動との統一を、そしてまた非公然活動と公然活動とのからみあわせを、これらの統一的推進をつうじて階級闘争を高揚させ、かつそれをつうじて前衛党組織をつくりあげていくのである。これは、スターリニストどももまた熟知しているところのものである。というよりはむしろ、レーニン主義の闘いの伝統を受け継ぐものである。

にもかかわらず、今日の反代々木行動左翼諸分派は公然活動と非公然活動、合法活動と非合法活動、これらの組み合わせによる階級闘争と党づくりの弁証法を何ら理解することなく、代々木とまったく裏返しの誤謬に、すなわち、あらゆる時に非合法活動を展開することが左翼たることの証しであるなどと錯覚しているのである。われわれは、労働戦線の深部において非公然活動を展開しつつ、階級闘争の左翼的展開とともにわが同盟組織づくりを実現しつつあるのであるが、このような闘いにたいして彼らは「合法主義」のレッテルしか貼りえていない。これはまさしく彼らの非革命性を実証する以外の何ものでもないことを、われわれは公然と暴露しなければならない。

ところで、われわれが執拗にくりひろげている非公然活動の推進をば「合法主義」というようにレッテルを貼る武装蜂起主義者ども、とりわけブン・ブク［ブント＝共産主義者同盟とブクロ＝中核派］の輩は、レーニン主義的な戦術と闘いのイロハについて無知なるがゆえにわれわれにこのような非難を浴びせかけるのだろうか。もちろん、無知という要因もあるであろう。けれども直接的には、学園闘争の過程で一時期噴出し、そして衰退しつつあるいわゆるノンセクト・ラディカルズの思想と行動におもね、それにのっかった結果としてうみだされたものだ、というように表現することができるのではないかと思う。

なぜならば、彼ら自称「ノンセクト・ラディカルズ」の連中は、「根底的」「根源的」あるいは「急進的」の名において一切のものを否定するという点においてきわだっているけれども、その内容たるや空っぽ以外の何ものでもない。彼らには革命をどのように実現するかというようなことについての深い省察もなければ理論的追求もない。彼らには戦略・戦術論のイロハが欠如し、ただ「自己否定」と「全的拒否」の哲学的な言葉を運動の場面にもちだしているにすぎないのだからである。「否定」「拒否」「全的否定」というような言葉は、それ自体実践にうつされるならばきわめてラディカールな様相を呈するには違いない。

そして、このノンポリ・ラディカルズの思想と行動のまやかしを根底的に暴くことなく、それにむしろのっかりながら、彼らの行動力についての自己過信を誉めたたえ、むしろそれにのっかりながら自己をも急進化しかつ武装闘争形態をエスカレーションしているのが、ブン・ブクの茶釜どもなのである。このような反代々木左翼諸集団の武装蜂起主義的な純化は、彼らの組織そのものの崩壊的危機をもうみだしつつ、現にいま進行しつつある。

### 「武装蜂起」願望の破産と組織的危機

実際、４・28闘争を彼らの主観的願望の通りに実現できなかったことからして、そしてまた、この闘争をつうじて組織的にガタがきた武装蜂起主義者諸集団のあいだには、いま激烈なイデオロギー闘争がなされている。とりわけブン・ブクのあいだでの亀裂はきわめて大きなものとなりつつあることは疑いえない事実である。

ブクロ官僚一派は「首相官邸占拠、首都十万制圧」ということを豪語していたけれども、わずかに千数百の学生、反戦のルンプロ〔ルンペン・プロレタリア〕を動員したにすぎなかった。そしてブクロ官僚とそれに盲目的に追従している一派は、彼らの戦術、いやむしろ彼らの主観的願望が破産したということの厳然たる事実をば、ブクロ＝中核派に適用された破防法〔破壊活動防止法〕のゆえに、それをもって隠蔽しようとしているのである。すなわち、ブクロ官僚一派に破防法が適用されたということはブクロ官僚の組織が革命党として客観的に認められたのだ、というような口上を述べながら、彼らの組織の権力による破壊と彼らの闘争戦術および闘争形態の破産を隠蔽しているわけなのである。

そしてまた他方、４・28闘争を彼らの主観的願望とまったく同じように実現できなかったことをブクロ官僚一派のせいに転嫁しているブントの輩は、ブクロの沖縄闘争方針、「沖縄奪還、沖縄復闘〔本土復帰闘争〕」というのは社民やスターリニストと同じであるというふうに言いだすとともに、ブクロの「社民との統一戦線」論にたいして批判を展開しているのである。これも同じく、ブクロとまったく同じような４・28闘争方針のもとに４・28闘争をたたかうことによって自己の組織の崩壊と闘争戦術の誤謬を自己暴露することを隠蔽するための策略以外の何ものでもないのである。こうして彼らは、5・31の愛知訪米阻止闘争を完全に放棄し、そしてまたこの放棄を隠蔽するために、アスパック闘争を現象的に極めて弱々しく展開したにすぎなかったのである。

ところで他方、社民左派としての社青同解放派の輩どもは、自己の明確な路線をうちだすことができず衰退の一途をたどっているこの事実をば、わが全学連にたいする暴力的な反撃をもって隠蔽しつつある。こうすることによって、彼らはますます自己崩壊への道を転げ落ちているわけである。

そしてまた、行動左翼諸集団の行動性と同一性をもっている共産主義労働者党、いわゆる共労党もまた、学園闘争において噴出したノンセクト・ラディカルズの傾向に煽られながら変質を開始している。構造改革派の党にふさわしく、自分の組織それ自体を徐々に構造的に改革しつつあるかにみえる。実際、彼らは、どのような経緯をとってであるかいまだなお明確ではないけれども、「反帝・反スタ派の後塵を拝す」というように仲間たちによって批判されている一派をうみだしたのであった。すなわち、ブント・ブクロの両者のあいだを飛びまわっている共労党内のモモンガー一派がそれである。

彼らは「モモンガー」というように表現するにふさわしく、もも［いいだもも］を先頭としたデタラメな集団であるわけだ。彼らは、彼らのかつての仲間たちからは「反帝・反スタ派の後塵を拝す」というようにレッテルを貼られているけれども、決して彼らは「反帝・反スタ派の後塵を拝し」ているわけではない。ほかならぬノンセクト・ラディカルズによって煽られた構造改革派それ自体がうみだした畸形児以外の何ものでもない。このように共労党は小ブル急進主義的な行動左翼性を純化することによって、かつての構造改革路線から明確に逸脱すると同時に、ブン・ブクと同様の武装蜂起集団ではないけれども、行動左翼主義へと明確に転落しつつあるのである。

いま簡単に述べてきたことは、4・28闘争とそれ以後の反代々木左翼の一般的な状況のほんの一端である。これらの闘いは、もちろん社会党や共産党などの既成左翼の運動をはみだした闘いであるという事実を、われわれは決して消しさろうとは思わない。だが、それがわが革命にとってどのような位置をもち、どのような意義をもつかということについては、厳密な位置づけと批判がなされなければならない。

### 闘争形態のエスカレートの自己目的化

たしかに、反代々木左翼、行動左翼諸分派によって推進されつつある今日の闘いは、今から九年前の六〇年安保闘争とは違った色合いと性格を刻印していることは確かな事実である。この事実をもって、「われわれの闘いの質的な転換」というように美化する輩もいるであろう。けれども、われわれは、六〇年安保闘争と現時点における反代々木左翼行動諸集団の展開している闘いとを比較するならば、闘争形態におけるエスカレーションという意味における質的転換を認めうるけれども、しかしながら、その根底になければならない革命理論における、そして運動と組織そのものにおける質的な転換をかちとっているとは決していえない。この点をわれわれは明確につきださなければならない。

いいかえるならば、たしかに、今日の反代々木行動左翼諸党派がおしすすめつつある闘いは、闘争形態において六〇年安保闘争のときとは質的に異なる面をもってはいるけれども、それらを規定している理論、戦略においては決して過去からの決裂をなしとげているとはいいえないのである。彼らは、六〇年安保闘争の直後に現出した「革命の通達」派が頭のなかで妄想したことを現実の場面で実現しているにすぎない、というようにいえるかも知れない。あるいはまた、破産したブントを左翼的に補修することを狙った「プロ通」「プロレタリア通信」派のカギ括弧づきの「理論」的指導者であると同時に、その後右翼的に転向していった姫岡「玲治」の「武装蜂起の思想が今こそ大切だ」という主張を、実践場面において実現しようとしているのがブクロである、というふうにわれわれはいえるであろうからである。今日の反代々木左翼諸党派が推進しつつある闘いの闘争形態上の質的エスカレーション、その武装蜂起主義的な傾向は、その根底になければならない理論の欠如によって規定されていることを、われわれは見落してはならないのである。

このことをさらにいいかえるならば、独占資本主義がその社会的直接性としてうみだしているところのいわゆる脱イデオロギー現象が反代々木左翼にもちこまれたものである、といえるであろう。脱イデオロギー現象とはどういうことかというならば、独占資本主義が発展することによってマスコミが発達する、そうすることによって、大衆社会的な状況がうみだされ、プロレタリアをもふくめた大衆がマス化される、いわゆる「一億総白痴化」時代というようなことをさすわけなのである。これは池田内閣の高度経済成長政策のさなかにおいてしばしばいわれたことであったけれども、このような脱イデオロギー現象、「一億総白痴化」といわれたような現象の直接的延長線上に位置づけられるのが、いわゆるノンポリ・ラディカルズの行動的なラディカル・オンリー主義であるといえるのであるけれども、このような傾向の擡頭に煽られながらみずからの組織と理論を変質させ、没理論、没イデオロギーの傾向に転落しているのが、今日の反代々木行動左翼諸集団の傾向であるといわなければならない。

もちろん、彼らは、マルクス・レーニン主義らしい言葉を使って彼らの行動と方針を位置づけようとしている。が、しかしながら、それはまったく支離滅裂な理論展開でしかないのである。そしてまた、このような脱イデオロギー現象の反代々木左翼へのもちこみという腐敗的な傾向は、西ヨーロッパやラテンアメリカなどで展開されている運動の直接的な模倣、猿真似というようなかたちでも現象しているのである。

こうすることによって、今日の反代々木左翼諸集団、とりわけブント、ブクロ、共労党内モンガー一派などに共通につらぬかれている事柄は、マルクス・レーニン主義を反故と化し、それを雑多な理論のモザイクにしている点に端的にしめされているのである。かかる理論的モザイクを称して、われわれは、彼らへの脱イデオロギー現象の貫徹であり、それによってもたらされた革命党としての理論的頽廃というのである。

## Ⅱ　反代々木左翼の無党派急進主義への迎合

われわれの運動をより大きく強く鍛えあげていくためには、それゆえに、今日の反代々木左翼諸集団がおちこんでいるイデオロギー的な錯乱、理論的なモザイクの根底的な暴露をおこなわなければならない。われわれが行動上において、そして組織づくりにおいて、彼らをのりこえ粉砕していくためには、当面何よりもまず、彼らの本質のイデオロギー的暴露を果敢に展開することが必要だということである。われわれは、ただたんに街頭において、学園において、ゲリラ戦を展開するだけでなく、あらゆる場面においてイデオロギー闘争のゲリラ戦を展開することが必要なのである。こうしてわれわれは、次の三点にしぼって若干の理論的な問題を考察していきたいと思う。

その第一は、昨年「一九六八年」の「五月革命」といわれたかのフランスの激動に煽られてうみだされた、いわゆる無党派あるいは脱党派急進主義をささえているイデオロギーの腐敗についてである。そして第二には、六八年八月に突如としてまきおこったクレムリン系官僚五か国の軍隊がチェコスロバキアに侵入しかつ占領したという事態について、あわてふためいて、かつそれにたいして何ら理論的な反応をしめすことができなかった一切の反代々木左翼諸集団の頽廃についてであり、そして第三には、一九六六、七、八年の中国にまきおこったかの大文化革命、「プロレタリア文化革命」といわれるものについての、反代々木左翼諸党派の反応の腐敗・堕落についてである。

これら三つの、最近にまきおこった国際的な事件にたいする反代々木左翼諸集団の反応そのものの腐敗をつうじて、彼らがいかに脱イデオロギー現象あるいは理論的錯乱におちこんでいるか、ということを明らかにすることが以下の課題である。そしてこのことは、七〇年安保闘争をたたかうためのイデオロギー闘争のひとつの糧をつくる以外の何ものでもない。

### A　フランス「五月革命」の猿真似

まず第一に、いわゆる「五月革命」と無党派急進主義について。

一般に左翼、右翼を問わず、外国の真似をするのが好きなのが日本人の一つの性癖であるということは、これまでしばしばくり返されてきたことであるけれども、最近のいわゆる無党派急進主義、ノンセクト・ラディカルズと呼ばれている連中もまた、決してその例外ではありえないのである。

直接的には、昨六八年五月のフランスにおけるあの階級闘争の激動に触発されて、そしてまた一九六六年八月いご盛りあがった中国におけるいわゆる「紅衛兵運動」や、アメリカ帝国主義の内部におけるカギ括弧づきの「植民地」、ゲットーにおける暴動、黒人の闘い、——明らかにこれらの闘いの猿真似として、いわゆる無党派急進主義者の闘いが展開されているということは、否めない事実である。しかも、このような模倣にたいして、ゲバラ主義とかアナキズムとかサンディカリズムあるいはアナルコ・サンディカリズムなどが接ぎ木されることによって、昨六八年秋以後から今日にいたる一時期のあいだに、いわゆる無党派急進主義の運動がとくに学園闘争の内部でまきおこったわけなのである。

### 無党派急進主義の行動的ニヒリズム

とにかく、中国の紅衛兵運動の真似であれ、またゲバラ主義路線にもとづいたゲリラ闘争の模倣であれ、そしてまたフランスの五月の闘いの真似であれ、とにかく、いわゆる無党派急進主義の運動を規定しているところのもの、それは一言にしていうならば、ニヒリズム以外の何ものでもない。哲学的にはニヒリズムであり、そしてそれが行動化されることによって行動的ニヒリズムの形態、破壊主義という形態においてあらわれると同時に、そのニヒリズム的な行動は、他面では同時に組織ニヒリズムという形態において現象しているのである。これが無党派急進主義といわれているところのものの思想的な意味である、と簡単にいうことができるだろう。そして、このような傾向は、もちろん直接的には、かのフランスの五月のいわゆる「革命」において噴出した傾向をそのまま直輸入し実現しようとしたものだ、というようにいえるだろう。

ここでフランスの五月の階級闘争そのものの分析にたちいるわけにはいかないけれども、とにかく、あの闘いをささえたもの、そのイデオロギーは、簡単にいってアナルコ・サンディカリズムであるといっていいだろう。もちろん、そのなかには毛沢東主義、ゲバラ主義、トロツキズムなどが滲透することによって、ひとつながりの闘いが展開されたことは否めない事実である。が、しかしながら、全体として支配的な傾向というべきものがあるとするならば、フランスにおける伝統的な思想としてのサンディカリズムを基礎として展開されたといえるだろう。そして、まさにこのサンディカリズムの限界についての無自覚、あるいはすでに破産しているアナルコ・サンディカリズムの限界を突破することなく、それの二番煎じをやったにすぎなかった、まさにそれゆえにド・ゴールの一喝によってあえなくもかの闘いは終息されてしまったのであった。このような「先進資本主義国に思いがけなく」といわれている勃発した闘いの意義と本質と限界を的確に暴きだすことなく、それを模倣するところに、いわゆる日本のノンセクト・ラディカルズが発生したというようにいえるだろう。

フランスの五月の闘いにおいては、「革命とポエムとが統一された」とか、「革命と文学とが統一された」とかいうようなことが言われている。だがまさにこのことは、いわゆるフランスの「五月革命」が挫折しなければならなかったことをも同時に意味しているといわなければならない。もちろん、われわれは、ポエムが、そして文学が革命にとってのひとつの機能と役割を演じるであろうし、そして革命以後の建設において、文学、芸術、ポエムが人間変革にとっての意義をもちうることをなんら否定するものではない。けれども、プロレタリア革命はたんにポエムというようなロマンティックなかたちで実現するわけでもないし、文学によって革命が実現されるわけでもない。あくまでもプロレタリア革命の一環としてイデオロギー闘争は位置づけられなければならない。

革命遂行の過程においてまさに必要なのは、社会科学であり、マルクス・レーニン主義なのである。革命を実現するための社会科学としての経済学、社会科学としての戦略・戦術論そして組織論、これらが決定的な行動の指針となりうるのである。しかるに、フランスの五月においては、このような科学が欠如していたのである。この没科学、この没理論、それがすでに歴史的に破産しているサンディカリズム的思想によって覆いつくされていたにすぎない。これを見落して、もっぱら「現状への否定」「現存するものの拒否」、上から押しつけられるものの「全面否定」の名において、即自的に、肉体派的に闘いをくりひろげようとしたのが、いわゆる無党派急進主義者の輩であったのである。

たしかに、人間実存、直接的にはプロレタリア的実存が実存たりうるのは、絶えざる自己否定、自己ののりこえをつうじてであることは疑いない事実である。けれども、「現存するものの拒否」「自己否定」「拒絶」「全面否定」あるいは「異議申し立て」などというようなさまざまな言葉で表現されるところのものによっては、プロレタリア革命を実現することは決してできないのである。それは出発点、しかも哲学的、抽象的なレベルにおける出発点以外の何ものでもない。革命運動がそれから始まるところの、ほんの、ほんの出発点を全体とみなすところに、彼ら無党派急進主義のまやかしの哲学的根拠があるといわなければならないだろう。

「拒否」とか「否定」とかということそれ自体は、きわめてラディカールである。が、しかしながら、その内実空虚なものは決して革命的ではありえないということを、われわれは確認する必要があるだろう。いわゆるノンセクト・ラディカルズの思想と行動は、大衆社会的状況の裏返し以外の何ものでもないのである。すなわち、独占資本主義がその社会的直接性としてうみだしているところの大衆化状況、ここにおいては、プロレタリアートもまた砂のごとき大衆として無気力化され、精神的に白痴化され、倦怠に陥り、出口を失っているわけであるけれども、このような事態におとしいれられているいわゆるマス、これが行動化した場合の表現がノンセクト・ラディカルズであり、それは行動的には破壊オンリー主義としてあらわれ、一切の組織を否定する傾向としてあらわれるのである。

だが、ニヒリズムによって革命が実現されるわけではない。にもかかわらず彼らは、行動上におけるニヒリズムすなわち単なる破壊主義を、組織におけるニヒリズムすなわち自由分散主義、自由連合、自発性の名における頽廃を、それぞれおし隠しているにすぎないのである。にもかかわらず、彼らは、「否定」「拒否」「全面的な否定」「自己否定」と乱発される言葉に酔い痴れて、しかも彼らの行動力への自己過信のゆえに、あたかも革命ぶりをしめしているにすぎない。

彼らは没社会科学的知性のゆえに、現存する国家権力ならびにそれがよってもってたっているところの独占資本主義の経済構造については、まったくふれない。ただ、おのれ個人のカギ括弧づきの「自由」を享受する、そこに自己解放をみいだすかのごとき錯覚に陥るのである。だから、バリケードによってつくられた箱庭的小空間をつくることをもって解放区の創造とみなしたり、あるいは烏合の衆的なコンミューンをつくりだして悦に入っているという頽廃をしめしているのである。

われわれは暴露してやらなければならない。彼らの革命性、彼らが信じているところの革命性なるものは、ほかならぬ彼ら自身の没理論、彼ら自身の没社会科学のゆえであるということを。革命はポエムによって、あるいは文学によってのみなされるわけではない。そのことはマルクス・エンゲルス以来の革命運動そのものの苦難に満ちた歴史それ自体がわれわれに教えているところのものである。このような過去の闘いを空無化することによってのみ、ノンポリ・ラディカルズの革命性なるものが現象しているにすぎないということである。

## アンチ前衛主義と脱イデオロギー

しかも彼らは、六〇年安保闘争のときに噴出した一傾向としての組織ニヒリズム、あるいは反前衛主義、アンチ前衛主義の末裔にすぎない。いや、事実、六〇年安保闘争を行動左翼主義的にたたかうことによって破産し、しかもこのおのれの破産に気づかない輩が、学園闘争の先頭にたって「拒否」の闘いを続けているというこの厳然たる事実を、われわれは見落してはならないだろう。安保ブントに参加し、そしてその闘いの破産を自覚しえないまま、それを今日において再現しているにすぎない、いわゆるノンセクト・ラディカルズの先頭にたっている諸分子の腐敗を、歴史的根源にまでさかのぼってわれわれは暴きださなければならない。

六〇年安保闘争のただなかにおいては、たしかに代々木共産党の物神化傾向が暴かれた。その意味においては、アンチ前衛主義はひとつの革命的な性格をもっていたかも知れない。だが、われわれは、かかるアンチ前衛主義に抗してたたかい、既成の自称前衛党をのりこえるだけでなく、同時に、その組織的解体をつうじて革命党をつくりださなければならないという主張をおこない、かつ実践してきたのであった。このような闘いの積み重ねをつうじて、今日のわれわれの階級闘争は全戦線にわたってつくりだされている。だが、われわれの一部にも、このようなノンセクト・ラディカルズにたいして徹底的な闘いを貫徹しえなかったフシが決してないわけではなかったのである。なぜなら、彼らはあまりにも無理論であり、あまりにも没科学であり、革命理論以前的な単純さを自己の誇りとしていたからなのである。

わがノンセクト・ラディカルズの諸君は、「根底的」「根源的」「急進的」なるものをめざしているといえども、決してそうではない。「自己否定」あるいは「あらゆる現存するものの拒否」を謳いながらも、かの東大闘争においては自己の生存そのものの否定にまでゆきつく、玉砕するというところまでにはいたっていないのである。彼らは「破壊」をスローガンにする。が、しかしながら、決しててめえの肉体的実存の自己否定にまでいたらない不徹底さにおいて、彼らのラディカリズムのインチキ性は暴露されているのである。

われわれはこうした脱イデオロギー的なラディカリズムにたいして、決定的なイデオロギー闘争を展開しなければならない。だが、すでに自称ノンセクト・ラディカルズは分解し衰退し、わずかに一部の地方で首をもたげているにすぎない。が、しかしながら、われわれは彼らとのイデオロギー闘争をつうじて、「革命」とは何ぞや、「根底的」とは何ぞや、「根源的」とは何ぞやということ、真にラディカールであるということは革命的であるということだということを、理論的に、科学的に自覚させていかなければならない。もしも自己否定ということが本当に彼らのものであったとするならば、彼らの一部のなかから、この自己否定を媒介としてわれわれの側に獲得されるような部分が決してうみだされないとはいえないのである。だが、そのためには、彼らノンセクト・ラディカルズを手放しでそれ自体として美化する腐敗した思想家の輩のイデオロギーを粉砕することも、決して避けて通ることはできない。

羽仁五郎という名の馬づらをした、ホースフェイスをした五郎の思想を粉砕することもまた、われわれにとって避けることのできないイデオロギー闘争のひとつなのである。いつの時代においてもピエロ的なインテリゲンチャというものは出てくるわけである。今日のわが羽仁五郎と同様のピエロは、六〇年安保闘争のときの清水幾太郎であるといえるであろう。六〇年安保闘争のときに、安保ブントに指導された当時の全学連にたいして「全学連よ、ありがとう。全学連よ、ありがとう」と恥ずかしげもなくくり返していた小ブル急進主義者たる清水幾太郎。その後の彼は「新左翼」を自称しながらも離陸し、ついにニューライトに着陸してしまったのであった。

そして今日の羽仁五郎は、かつての清水幾太郎と同様に、いわゆるノンセクト・ラディカルズをただただ尻押ししているにすぎないのである。その場合の彼の思想の本質は何か。いうまでもなく、超階級的な人民主義を中核としたところの「アンチ・ファシズム統一戦線論」以外の何ものでもないのである。いや、それだけではない。彼の場合には、日本のルネッサンスをめざした近代主義者以外の何ものでもない。彼が大学の本質を論じる場合に、明らかに近代ヨーロッパにおける大学の形成、ブルジョア的な社会における大学の形成をモデルとし、それにのっとって大学の本質を明らかにし、その意味において帝国主義的大学を粉砕しようとしているにすぎない。帝国主義にたいして民主主義を対置するという基本的なシェーマが彼の思想の根底につらぬかれているわけなのである。

実際、彼は今日の日本国憲法、この「平和憲法」を維持するという観点から、きわめて単純に軍事同盟としての安保条約に反対しているにすぎない。支配階級の狂暴な弾圧にたいしてはブルジョア・リベラリズムの観点からのみ反対しているにすぎない。彼を「左翼」と呼ぶことは、左翼の恥辱以外の何ものでもありえないのである。わが人民主義者・羽仁五郎は、戦前の講座派の片棒をかついだスターリニストであり、そしてまた戦後は代々木の同伴者、プロ・スターリニストとして存在していたのであった。このような彼自身の過去について彼はどのように今日みずからを反省しているか、僕は知らない。

彼の思想の根幹は、要するに近代主義でしかない。日本においては半封建制が、あるいは封建遺制が残存している、かかる日本を近代化する、それが彼の主要な思想的な根幹である。ヨーロッパにおける近代化をモデルとして、それを日本において実現しようとしているこの近代主義者は、われわれとはまったく無縁な存在でしかないのである。そして彼の思想の根幹はルネッサンスにあるのであって、このルネッサンスを帝国主義的現段階において実現しようとすることは、まさにアナクロニズム以外の何ものでもないのである。そして事実、彼の思想のアナクロニズム性、時代錯誤性は次の点にあらわれているといっていいだろう。すなわち、マッカーサーによってつくりだされたわが日本国憲法、この「平和憲法」と称するものを擁護する、そしてまたブルジョア・デモクラシー、自由主義を擁護するという観点から破防法や騒乱罪の適用などに反対する。そして、その平和主義、その民主主義にもとづいて軍事同盟としての安保条約に反対すべきだ、と主張しているにすぎない。彼の人民主義と平和主義と憲法擁護主義を基礎としつつ、これを革命論的なものに実現した場合にあらわれているところのものが、「アンチ・ファシズム統一戦線論」なのである。

彼には、第二次世界大戦末期においてヨーロッパ各国共産党が適用したところのかの「アンチ・ファシズム人民戦線戦術」への郷愁が、彼の同僚であるところの武谷三男その他とともに決定的に作用している、ということをわれわれは見落してはならない。スターリニストの人民戦線戦術が決定的に誤っていることについては、われわれの常識である。われわれの常識を彼は全然理解していない。ただもっぱら反代々木の運動にたいする同伴者として自己を位置づけた、ただそれだけのことに彼の意義があるのであって、同伴者はわれわれにとってはまったく無縁である。かかるプロ・スターリニストの人民主義者なるものの支援を受けることは、われわれの恥辱以外の何ものでもないのである。

さて、このような小ブル急進主義者どもに煽りたてられ、その没科学性に無自覚のままいるのがノンセクト・ラディカルズであるけれども、他面では、かかる傾向にたいしてアナキストが癒着しているという事実をもわれわれは見落してはならないだろう。各個人の「自発性」「内発性」「自由連合」を尊ぶというような姿勢から、ノンセクト・ラディカルズの運動と組織論に共鳴を感じているわけであるけれども、しかしながら、いわゆるノンセクト・ラディカルズの組織論は、山岸イズム、山岸会の思想をそのまま実践している以外の何ものでもない。たとえアナキストやサンディカリストどもがノンセクト・ラディカルズの運動を讃えようとも、その哲学的本質はニヒリズムであり、そのニヒリズムにもとづいた行動的表現が破壊主義であり、その組織的表現が自由分散主義だということを、われわれは確認し、暴露し、彼らを粉砕し、われわれの側に獲得しうるような者は獲得する、そうすることによってわれわれの運動の基盤を拡げてゆくことが必要であろうと思う。

## B　チェコスロバキア事件への錯乱した対応

さて、第二にふれなければならない問題は、今日の反代々木行動左翼諸党派を規定している理論的混乱は、昨六八年八月に勃発したチェコスロバキア事件にたいする対応とその後の動向のなかに端的にしめされているということである。

チェコスロバキアのいわゆる「自由化」、政治経済諸機構の「民主化」といわれているものの本質がまったくのまやかしものであり、チトー主義、ユーゴスラビア共産主義者の国の政治経済政策および構造の物真似の産物以外の何ものでもないことについては、ここでふれるわけにはいかない。* ユーゴスラビアの経済構造や政治構造をモデルとしたチェコスロバキアにおける政治経済構造のいわゆる「民主化」、政治経済政策の「自由化」、これにたいするクレムリン系官僚五か国軍隊の侵入と占領。このような事態にたいして、反代々木左翼諸党派はどのような対応をしめしたか。その現実をここで反省するだけで十分である。

* 「チェコスロバキア問題と日本左翼の錯乱」『日本左翼思想の転回』（こぶし書房）所収を参照。

その場合、彼らに共通した特徴は、またもや没理論、社会主義論の欠如ということである。とくに滑稽なのは、わが反スターリニズム運動からの脱落分子としてのブクロ官僚一派の反応であった。なぜなら、彼らは、一九六八年八月のチェコスロバキア事件をば、それから十二年前の一九五六年のハンガリア事件と二重うつしにし、「第二のハンガリア革命」などと称していたからである。これは明らかに、チェコスロバキアにおける「自由化」「民主化」なるものの本質について無自覚であり、ただただ、現存するスターリニスト国家とその政策にたいするすべての反抗らしきものを即自的に美化する現象論的誤謬を、恥ずかしげもなく暴露した以外の何ものでもないからである。

そして、ブクロ以外の諸党派、たとえばブントはどうであったかというならば、「西ヨーロッパのプロレタリアートと団結した反帝闘争をもってスターリニスト国家権力を打倒せよ」ということより以上のことを言いえなかったのであり、そしてまた構改派は、彼らにふさわしくチェコスロバキアにおける「自由化」「民主化」それ自体を美化するという、スターリニストまるだしの評価をあたえたのであった。ドゥプチェク改革の本質をとらえることなく、ただだクレムリン官僚軍隊によるチェコスロバキアへの侵入それ自体を非難することによって、自己の革命性、左翼ぶりをしめそうとしたにすぎなかった。このようなブクロ官僚一派をもふくめた行動左翼諸集団は、彼らの没理論的な社会主義論によってチェコスロバキア問題の本質を把握することができず、ただただ錯乱のなかに埋没したのであった。

チェコスロバキア事件への反応における彼らのこのような錯乱は、しかしもちろん、それ自体の意義をもっているといわなければならない。なぜならば、今日、反代々木づらをしている行動左翼の輩どもは、それ以前の、十二年前の一九五六年のかのハンガリア革命のさいには、ほとんどまったく事態の本質を認識することができなかったのであった。しかし、それから十二年後の今日では、ようやくクレムリン官僚のタンクによる弾圧の意味を若干ではあれとらえているからなのである。だがしかし、彼らは、スターリニズムとの決定的な対決へチェコスロバキア事件の意味を掘りさげていこうとはしなかったといわなければならない。典型的には、共労党内のモモンガー一派の現状をみるならば、それはおのずから明らかなことであろうと思う。

**モモンガー一派の杜撰な革命戦略論**

今日の彼らは、「社会主義ソ連邦」とは呼ばずに、ソ連圏のすべてをば「社会主義の過渡期プロレタリア国家」などと呼んでいるのである。これはマルクス主義的な定義でもなんでもないのである。「社会主義的過渡期プロレタリア国家」――過渡期プロレタリア国家と社会主義とを同一視するという意味では、毛沢東主義者の社会主義革命論、あるいはプロレタリア独裁論とまったく同じである。そしてまた、このような「社会主義の過渡期プロレタリア国家」においては、「社会主義社会的共同体的原理」と、他方「商品経済的原理」、この二つの原理が支配するというような岩田弘とまったく同様な把握をもって、スターリニズムから解き放たれたものと自任しているらしいのである。

このような現代のソ連邦あるいはソ連圏の規定それ自体の錯乱のなかに、彼らがスターリニズムとまったく対決していないことが如実にしめされているといわなければならない。いや、それだけではない。ブン・ブクのあいだを飛びまわるこのモモンガー一派は、今からちょうど十一年前の日共東大細胞の立場と理論にほぼ近づいているといったらいいであろうと思う。なぜならば、十一年前の日共東大細胞の立場とは、「平和共存を破棄する」というような即自的な立場を確立したのである。今日の共労党内モモンガー一派は、ようやく十一年前のブントの母胎をなしたところの日共東大細胞、あるいはかの反戦学生同盟とほぼ同じような立場にたっているにすぎないのである。その理論的な杜撰さ、その理論的な錯乱を整理するならば、およそ次のような諸点があげられうると考えられる。

そのまず第一の特徴としては、世界情勢の把握のしかたにかんしてである。彼らは、現代世界をユーゴスラビア共産主義者同盟が使っているところの「ブロック」、あるいはグラムシの「ブロック」という概念で、従来の「陣営」のかわりに表現しているわけである。「歴史ブロック論」と称するものは、スターリニストの社会主義陣営と帝国主義陣営との二大陣営間の対立にかんする理論の表面的な言い換えにすぎないわけである。このようなグラムシ的な呼称（これは内藤知周［共労党議長］の言葉であるけども）、あるいはユーゴスラビア共産主義者同盟綱領にみられるような用語を借用しながら、現代世界の構造を把握するわけであるけれども、その場合に彼らは、「世界危機論」なるものをもちだしているのである。この「世界危機論」はレジュメ的に展開されていてきわめて理論的に整理されていないので、そのガイストは、要するに岩田弘のそれとほとんどまったく同じものだといっていいであろう。このような帝国主義の把握のしかたのなしくずしにみあって展開されているのが、先に述べた「社会主義の過渡期プロレタリア国家」論であり、そこには二つの原理、「商品経済的原理」と「社会主義的原理」がつらぬかれているなどと称するわけである。

そして、いま述べたような情勢分析にならない情勢分析にふまえて提起される第二の特徴は、世界革命戦略の提起ということである。彼らはみずからを「世界革命派」と称しているわけである。これは、従来、構造改革派あるいはソ連派、その両者の折衷というような集団をなしていた共労党は、いうまでもなく平和共存路線にもとづいてその運動と理論をつくりあげていたわけであるけれども、今日の彼らは、十一年前の日共東大細胞とほぼ同じように、「平和共存を破棄し世界革命の立場にたたなければならない」ということをまったく没理論的に主張しているにすぎないのである。彼らは、みずからを「世界革命派」というように称しているけれども、現代世界革命をどのように実現するかの過程的な構造、その方法、その組織論的な解明をすべて欠如したまま主張している。その理論的錯乱、その理論的低水準を度外視するならば、十一年前の日共東大細胞のかの路線と立場にほぼ近づいたというように表現することができるであろうと思う。

　共労党内のモモンガー一派は、「帝国主義ブロック」と「社会主義の過渡期プロレタリア国家のブロック」とから成り立っている現代世界をば、どのように変革していくかの構造についてはまったくふれていない。ただ、みずからを「世界革命派」と位置づけ、「平和共存を破棄する」とだけ言っているにすぎないのである。だから、彼らのいうところの「社会主義の過渡期プロレタリア国家」を変革するという闘いは、世界革命にとってどのような位置にあるのかということを、まったく解明できないのである。これは、彼らがスターリニズムとまったく対決していないことと密接不可分に結びついている。だから、われわれの世界革命戦略、〈反帝・反スターリン主義〉の戦略にたいしても、まったく的はずれなデタラメの批判しかなしえないのである。簡単にいうならば、「反帝・反スターリン主義の戦略を掲げる輩は、白い帝国主義と赤い帝国主義との闘争として現代世界をとらえる」などというような、まったくデタラメなわれわれの理論の理解にもとづいて非難を加えているにすぎないのである。

われわれは、現代世界の情勢分析をスターリニストのそれから区別したかたちで展開すると同時に、他方では、第四インターナショナルあるいはトロツキストの戦略であるところの「反帝・労働者国家無条件擁護」戦略の批判的摂取を媒介として、われわれの革命戦略〈反帝・反スターリン主義〉をうちだしたのであった。このようなささやかな理論的な格闘について、彼らは一顧だにあたえず、ただただおのれを「世界革命派」として位置づけているにすぎないのである。この単純性は、かつての日共東大細胞、ブントの母胎となったところのこの日共東大細胞の路線と立場以下的なものであるというようにいわなければならないだろう。そして事実、彼らは「平和共存を破棄し世界革命の立場にたたなければならない」ということを主張するにもかかわらず、革命論的な角度からのスターリニズムとの対決もまた欠落している。

だから、第三の特徴としては、共労党内モモンガー一派のいう「一国社会主義」とは、一国革命主義の別名にまでおとしめられてしまっている。一国社会主義と一国革命主義とは異なるということはわれわれにとってのイロハであるにもかかわらず、われわれにとってのイロハは彼らにとってはイロハではないのである。一国社会主義にたいしては世界革命を、というような単純な理解をしめしているがゆえに、一国社会主義と一国革命主義とがイコールスになってしまうのである。「平和共存」［戦略］がどのような情勢分析にもとづき、かつ革命理論的にはどのような誤謬からうみだされているのかということの内在的な把握がなされていないからこそ、一国社会主義論と一国革命主義との同一視という誤謬さえもがうみだされるのである。

　そしてまた、このようなプロレタリア革命の実現構造にかんする理解の浅薄さ、あるいは誤謬のゆえに、彼らにとってはスターリニスト革命論の特徴であるところのかの二段階戦略については、まったく無視して省みないという事態がおこるのである。一国革命主義、プロレタリア・インターナショナリズムの形骸化、民族主義への転落ということと関連して、当然のことながら革命の二段階化が発生するわけであり、そしてまたこの二段階化の誤謬の弥縫策として中共型「不断革命」論がうみだされているわけであるけれども、このような事柄については一顧だにあたえていない。世界革命論についての百数十枚におよぶ論文のなかで、二段階革命論というのは理論外的にたった二箇所ででてくるにすぎないという体たらくなのである。

　戦略論におけるこのような理論的な低水準に規定されて、当然のことながら、戦術の問題についても誤謬が発生せざるをえない。プロレタリア階級闘争をみちびく、闘争＝組織戦術とわれわれが呼んでいるところのものの掘り下げなどはまったくない。ただ、かの無党派ラディカルズと同様に「異議申し立て」というスタイルで運動を展開すること、つまり「べ平連*」的な運動を展開することが共労党内モモンガー一派の中心課題であるかのごとくである。プロレタリア党にとって、階級闘争をみちびき、そしてそれを革命闘争へと高めていくために不可欠な闘争戦術の問題を、「異議申し立て」などというようなものに矮小化している点に、彼らの理論的腐敗が端的にしめされているといわなければならない。そして、当然のことながら、彼らモモンガー一派においては、世界革命を担いうる主体をどのように形成し組織化していくかの組織論が完全に欠落しているということだ。このような理論的な低劣さと錯乱に満ちているのが、今日の「世界革命派」を自称しているところの共労党内モモンガー一派にほかならない。

＊「ベトナムに平和を！ 市民連合」。小田実らが呼びかけ結成された小ブルジョア平和主義的な市民運動団体。

革命論における錯乱と社会主義論における混乱とは、今日の共労党内のプチブル急進主義に煽られた惨めな一派を特徴づける特徴であるといわなければならない。このことは、チェコスロバキア事件をきっかけとしてドゥプチェク改革を支持したおのれ自身の腐敗についての自己反省と科学的な分析をないがしろにしたことの必然的な結果である。彼らはただただ行動における左翼性をしめすこと、つまり行動する党のなかにプロレタリア革命党の本質があるかのごとくに錯覚していることの必然的な帰結なのである。彼らは無党派急進主義の補完物以外の何ものでもなく、補完するどころか、彼らへの寄生虫以外の何ものでもない。それゆえに、かかるモモンガー一派は、われわれにとっては粉砕の対象以外の何ものでもありえないのである。

## C　中国プロレタリア文化大革命の美化

さて次に、社会主義論における錯乱はまだ続く。

かの中国プロレタリア文化大革命をみちびいた理論、これはマルクス・レーニン主義を発展させた毛沢東的な新しい思想であるといわれているけれども、これは錯乱の体系以外の何ものでもないのである。「プロレタリアート独裁期＝社会主義革命の段階」であるとみなし、かかる段階においては「資本主義的要素と社会主義的要素とのあいだの階級闘争が展開される」、そして「土台の社会主義的な性格にみあったかたちで上部構造を社会主義的に変革する」、これが文化大革命である、と称するわけである。しかも、この「プロレタリアート独裁期＝社会主義」においては「賃金が存在し、分配もまた「労働の量・質」分配にもとづいている」、「「ブルジョア的権利」とは生産手段にたいする私的所有の関係である」などという、まったくマルクス主義のイロハをわきまえない理論が公然と新理論、新しい理論として提起されているということだ。これは明らかに、「資本主義の道を歩むひと握りの実権派」、「当権派」と称する劉少奇一派を打倒するための権力闘争をエセ理論でもってカモフラージュした以外の何ものでもないのである。

このような激動した中国の現実にたいして、ブン・ブクなどは尻押し以上のものを展開しえなかった。造反派に「もっと造反せよ！」というように呼びかけたブクロ官僚一派において、その腐敗は典型的にしめされた。そしてまた、今日のモモンガー一派ではなくかつての彼ら、すなわちソ連派と構造改革派との癒着によって形成された当時の共労党の輩どもは、彼らの感覚からして、ソフト・スターリニスト、右翼スターリニストの感覚からして、左翼スターリニスト毛沢東主義者の文革にたいして嫌悪をしめしたのであった。にもかかわらず、今日の彼らは、中国文化大革命なるものについての一定の評価をさえもあたえることができず、ただただ小ブル急進主義者よろしく焦躁感にかられて、自己を「世界革命派」としてうちだしているにすぎないのである。このような、いわゆる中国プロレタリア文化大革命なるものの本質、その日本左翼による受けとめ方にかんする諸問題について、詳しくここでたちいるわけにはいかない。*

* 『現代中国の神話』『毛沢東神話の破壊』（いずれも、こぶし書房）を参照。

しかしとにかく、「造反有理」という毛沢東の言葉をそのまま真にうけて、「造反することにはすべて道理がある」などと錯覚して造反するノンポリ・ラディカル。「いわれなき反抗」というようなものさえもあるにもかかわらず、「すべての造反は道理がある」と称する毛沢東の没理論的なお告げをそのままありがたく拝借したり、あるいはサンディカリズムにもとづいた闘いそれ自体を模倣したりする傾向。さらにドゥプチェク改革なるものの本質をみきわめることなく、ただただ、クレムリン官僚軍隊による抑圧と弾圧と占領に反抗するにすぎない没理論。

要するに、わが革共同・革マル派を除いたすべての反代々木行動左翼諸分派は、現代世界においてまき起こってきている一つひとつの事態の理論的分析をなんらおこなってはいない。彼らは、「プロレタリア文化大革命」それ自体を美化したり、あるいは五月のフランスにおける階級闘争を即自的に美化したり、さらにまた、クレムリン系官僚軍隊に抗してたたかったチェコスロバキアの人民の反抗それ自体を美化したりしているにすぎない。彼らにとっては、反抗したり叛逆したりするすべての者を理論的分析の彼岸において美化し、評価し、尻押ししているにすぎない。ここに、反代々木左翼諸集団が既成左翼をのりこえてつくりだされた組織ではなくして、そのような既成左翼からただたんにはみだしたにすぎないという性格が、如実にしめされているわけなのである。まさしくこのゆえに、直接的にはフランスにおける五月の階級闘争を模倣して一時的に噴出したノンセクト・ラディカルズの運動にのっかることしかできない、この腐敗を現出させざるをえないのである。

## Ⅲ 日本反スターリン主義運動の独自性

われわれは、ノンセクト・ラディカルズの運動や、それを美化し、それにおもねのっかっている一切の行動左翼諸分派の腐敗を暴きだし、それを革命的に解体するための組織的およびイデオロギー的闘いを着実におしすすめていかなければならない。

七〇年安保闘争をめざした現時点におけるわれわれの闘いは、「階級決戦」説にもとづいておこなわれるのではない。われわれの革命を真に担い実現しうる組織を、国家権力の組織的弾圧に抗してたたかいうる組織をつくりだすためにこそ、たたかっているのである。そのためには、六〇年安保闘争のただなかで破産し分解したかの安保ブントの誤謬を教訓化し、安保全学連の限界を明確につかみなおすことからはじめる必要があると思う。

すでに簡単にふれたように、今日の反代々木づらをした一切の行動左翼は、安保ブントとそれに指導された安保全学連の枠を決して飛びだしてはいない。彼らは、安保全学連および安保ブントの展開した行動形態それ自体、闘争形態それ自体をエスカレートしているにすぎないのであって、その根底になければならない戦略論的な批判、組織論的な批判、これらが完全に欠如しているのである。だからこそ彼らは、武装蜂起集団としてしかみずからの特質を位置づけることができない。

そしてまた、この誤謬を隠蔽するために、かつての安保ブントと同様に、ひと握りの労働者を学生の「武闘」闘争の尻尾にくっつけることをめざすことしかできないのである。いわゆる「反戦派労働者」なるものは、おのれの職場においてどのような闘いを展開しているのか。このような労働戦線の内部においてなされるべき闘いを放棄して、戦闘的労働者を街頭化することのなかに革命性をみいだすということは、わが革命的左翼の路線とはまったく無縁であることを明らかにしなければならない。

われわれの革命的共産主義運動、日本反スターリン主義運動の独自性は、反代々木行動左翼諸分派が今日展開しているような闘争形態のエスカレーションを自己目的化する点にあるのではない。武装蜂起主義的な闘争を組むことにあるのではない。彼ら、とりわけブクロ官僚一派が、みずからの運動を代々木内左翼的運動の直接的延長線上に位置づけているということは、彼らの今日の腐敗を明確にしめしているといわなければならない。

たとえば武井健人［本多延嘉］などという男は、日本反スターリン主義運動を次のように位置づけているのである。* すなわち、「第二次世界大戦以後の数年間においては、スターリニスト運動と革命的共産主義運動とはなお未分化であった。ところが、この二つが明確に分化し分裂するのは六〇年安保闘争であった」というように、みずからの展開している運動を、代々木内の左翼的な運動（たとえば斎藤一郎とか、かつての中西功などにしめされるところの「社会主義革命」派）、左翼スターリン主義者の運動の直接的延長線上に今日のブクロの運動を位置づけているということなのである。わが反スターリニズム運動からの脱落分子どもの位置づけそれ自体について、とやかく言う必要もないかも知れない。しかし、わが反スターリニズム運動はかの一九五六年の流産したハンガリア革命を決定的な契機として勃興したのであり、この闘いこそが六〇年安保闘争の背後にあるということを、この厳然たる事実を無視して省みない今日のブクロ官僚一派の共産主義運動観なるものは、まったくまやかしものでしかないのである。

＊　本多延嘉「七〇年安保闘争と革命的左翼の任務」『前進』第四二九〜四三一号（一九六九年四月）。『スターリン批判以後　下』（こぶし書房）四三一〜四三四頁を参照。

このような彼らの現在的変質は、さらにスターリン主義運動そのものの把握のしかたのなかにもあらわれはじめている。すなわち、たとえば「一九二四年のレーニンの死以後のスターリン反動、このような右翼的な傾向にたいして三つの逆風が吹いた」というように武井健人は言う。「三つの逆風」とは何か。右翼スターリン主義の右翼的な風にたいして左から吹いた三つの風。その第一はユーゴ革命であり、その第二は中国革命であり、その第三はハンガリア革命だ、と彼らは言う。一見して明らかに、ここでは、旧社会を転覆することをめざしたスターリニスト革命の二形態、東ヨーロッパにおけるユーゴ革命とアジア……［テープが途切れている］……革命、これを彼らはスターリニスト革命としてではなく「人民革命」として美化するわけであるが、このようなスターリニスト革命と、ほかならぬスターリニスト官僚国家に直接刃をつきつけたハンガリア革命とを同列にならべ、スターリンの制覇している共産主義運動にたいする「左からの三つの逆風」だ、などとまとめあげている。それほどまでの理論的錯乱と腐敗におちこんでいるのである。

今日のブクロ官僚どもは、彼らもまた担ってきたところの日本反スターリン主義運動の過去を改ざんするだけでなく、一九二四年以後のスターリニスト国際運動も歪めて把握するまでに混乱してしまっているのである。これはおそらく、フランスの「五月革命」やチェコスロバキア事件にたいする彼らの腐敗した対応の仕上げとして意義をもっているのかも知れない。あるいは、一切の権威を否定し国家権力を否定するというアナキズムの思想にみちびかれた急進主義の抬頭に驚きあわてて、それにあわせて自己をもつくりかえているのだ、というように表現してもいいかも知れない。

とにかく、わが反スターリン主義運動は、ブクロ官僚一派にしめされるような脱落腐敗分子をもうみだしているし、それをまだ解体することができていない。それだけではなく、六〇年安保ブントの破産を教訓化しえない第二次ブントの諸派も残存している。さらに、構改派の内部からうみだされた「反帝」小ブル急進主義的な畸形児どもをも、つまりモモンガー一派どもをもわれわれは眼前にしているのである。このような反代々木左翼諸党派の今日的な現状を、運動のうえで、組織的にかつ理論的に粉砕していくことは、わが革命的左翼の当面する中心的な組織的課題をなしている。運動上の課題は、もちろん、安保破棄をめざした反安保闘争と沖縄闘争との有機的統一的な展開にこそあるわけであるけれども、このような闘いを階級決戦的にたたかうのではなくして、このような闘いをつうじて、わがプロレタリア革命を実現するための主体を組織的につくりだすこと、そしてその前衛部隊を組織的に結集することにこそあるのである。

考えてもみたまえ。革命とは労働者自身による労働者の事業であるということは、マルクス以来の伝統であるばかりでなく、アナキストもまたそのように言う。今日の日本労働運動の歪曲のゆえに、どのように少数の反戦派労働者や学生がたたかったとしても、それは直接革命につながるわけではない。少数精鋭主義的な闘いの限界、ブランキズムの限界をも突破しつつ、プロレタリア階級闘争の真にあるべき姿を照らしだしたのが、ほかならぬマルクス主義であり、それを物質化するためにたたかったのがレーニンとボルシェヴィーキ党であった。われわれもまた、現在の闘いを原則的にかつ柔軟にたたかうことをつうじて、マルクス・レーニンの伝統を受け継ぎ、物質化していくためにたたかわなければならない。

反戦・反安保・沖縄闘争をたたかっている労働者・学生・インテリゲンチャ諸君！

われわれは安保破棄をめざした闘いを、そして沖縄人民解放をめざした闘いを、場所的に推進していこうではないか！　そのためには、武装蜂起集団化した無原則的な反代々木行動左翼諸集団を、イデオロギー的に暴露し、運動上でのりこえ、組織的に解体するためにたたかおうではないか。現代のスターリニズムとその党を、そしてそれらを本当に克服できていない畸形児どもを、理論的に粉砕し、運動上でのりこえ、組織的に解体するために断固たたかわなければならない。

（一九六九年六月十三日）

# 現段階における党派的イデオロギー闘争の核心は何か

日本階級闘争は、いま、ひとつの大きな深刻な危機に総体として直面させられている。ただたんに既成左翼に指導された階級闘争なるものが危機におちこんでいるだけではなく、こうした既成左翼をのりこえていくと称するすべての反代々木行動左翼主義者集団もまた、深刻な組織的危機と運動上の危機におとしいれられている。すでに昨年［一九六九年］の十―十一月闘争を「階級決戦」の立場からたたかい破産した彼らは、当然のことながら七〇年の四、五、六月闘争においてなんらたたかうことができず、ただもっぱらカンパニア主義的に闘争を展開することしかできなかった。

こうしたカンパニア主義的な闘争を、それにもかかわらず、反代々木左翼のすべては破産したおのれを隠蔽するためのさまざまな言動を弄して、自己の破産を隠蔽しのりきろうとしているにすぎない。そして、たたかわれるべき安保＝沖縄闘争をたたかうことなく、むしろ入管法闘争に安保＝沖縄闘争をすりかえているのが、彼らの今日の現実にほかならない。

七〇年代階級闘争の序幕にある現段階において、反代々木のすべての行動左翼は安保＝沖縄闘争をほとんどまったく放棄し、ただもっぱら入管法闘争を呼号しているにすぎない。それだけではない。こうした彼らの闘争課題のすりかえと並行してあらわれてきているところのものが、ほかならぬ毛沢東主義というかたちでこんにち反代々木左翼を滲透しつつある民族主義に、彼ら行動左翼主義者のすべてが屈服しているということの事態なのである。

既成左翼のすべてが民族主義・議会主義・平和主義に陥没しているだけでなく、そうした既成左翼をのりこえて前進せんと称している、いわゆる「新左翼」なるもののすべてが既成左翼と同様の民族主義的腐敗に陥没しているということが、入管法闘争を推進しつつある現段階において明確に露呈しているのである。これは、六七年の10・8羽田闘争いご二年ばかりにわたって推進されてきた、彼ら反代々木左翼の行動主義者ども、それに指導された学生運動ならびに反戦青年委員会の運動の破産の理論的根拠をなんらつきだすことなく、そうした自己破産を隠蔽するという腐敗した構え方に起因していることはいうまでもない。

それだけではない。とりわけ、自己の組織の解体的危機と運動上の破産をのりきるためにとられたかの海老原虐殺問題*について、すべての行動左翼主義者どもが沈黙を堅持しているというこの腐敗した現実は、彼ら行動左翼主義者にほかならぬわれわれと全学連運動がいまだなお壊滅的に打撃をあたえていないことの一つのあらわれにすぎない。今日の反代々木左翼戦線は、彼らの過去の総括をなんらおこなわずただもっぱら「問題を前向きにたてる」と称しておのれの民族主義的腐敗を自己暴露しているだけでなく、わが革マル派と全学連運動にたいする敵対の一表現としてのかの虐殺問題について沈黙をまもっているという、この組織的・思想的・道徳的に腐敗した現実を突破していくことが、現段階におけるわれわれの党派闘争の核心問題でなければならない。

＊「満身の怒りをこめて――中核派による同志海老原虐殺を弾劾する！」『革マル派 五十年の軌跡』第二巻（あかね図書販売）所収を参照。

現段階におけるわれわれの党派闘争、なかんずく党派的イデオロギー闘争の核心問題は、簡単にいうならば次の三点に帰着するといえる。

そのまず第一は、安保＝沖縄闘争から入管法闘争へ闘争課題をすりかえていること、その根底にあるところの彼らの安保＝沖縄闘争のそれ自体の腐敗をなんら総括せず、彼らの「階級決戦」主義の破産を隠蔽しのりきろうとしているところの思想的頽廃そのものを暴露することが依然として重要であるということ。

第二は、これと密接不可分に結びついて、かの海老原虐殺問題にかんして死のような沈黙をまもっている、この思想的・組織的・道徳的な頽廃を公然と暴露し、反代々木左翼のすべてを革命的に解体するための闘いを組織的にも運動上でもわれわれは断固としてくりひろげていかなければならないということ。

そして第三に、闘争課題を安保＝沖縄闘争から入管法闘争に横すべりさせることをつうじて同時にあらわにされたところの、ブクロ＝中核派を先頭とする一切の行動左翼主義者どもが代々木と同様に民族主義的な腐敗を自己暴露しているがゆえに、こうした反代々木のいわゆる新左翼の民族主義、ナショナリズムへの転落をイデオロギー闘争において公然と暴露し、彼らをのりこえていかなければならないということ。

この三点が、現段階におけるわれわれの党派的イデオロギー闘争の核心問題であるといわなければならない。

## I 「階級決戦」主義的闘いの破産の根拠

まず第一の党派的イデオロギー闘争上の問題について。

いうまでもなく日米共同声明の発表〔一九六九年十一月〕は、われわれが執拗にくりひろげてきた安保＝沖縄闘争が挫折し敗北したことの一表現としてわれわれはとらえかえし、新しい前進のための跳躍台としてきた。ところが、この日米共同声明を「アジア侵略宣言」というように単純に集約し、「日本帝国主義はいまやアジア侵略を公然と開始しているがゆえに、これを内乱へ転化しなければならない」、あるいは「アジア革命の一環として日本革命をたたかいとらなければならない」ということを呼号しているのが反代々木左翼主義者なのである。だが一体、これまでのわれわれの闘いがどのように敗北してきたのか、なぜ敗北しなければならなかったのか、その根拠について彼らは一指もふれようとしない。ただ、従来と同じように断固たる闘いをおしすすめていきさえするならば必ずや未来が開かれるだろう、という淡い願望を抱いてたたかっているにすぎない。だが、その闘いたるや、まったく腐敗したものでしかない。

これまでの安保=沖縄闘争をつうじて組織的危機に直面させられているということの現実を、「党建設」の名においてのりきることができるかのように錯覚している集団もあれば、絶望的になって、ただ運動を展開しなければならないという焦躁感に浸りきっている諸党派もいる。だが一体、10・8闘争以後つづけられてきた「階級決戦」主義的な闘い、そのなかにはもちろん武装蜂起主義的な傾向もあれば、「山猫スト」を呼号したサンディカリスト的な傾向もあるけれども、とにかく「階級決戦」主義的にたたかった安保=沖縄闘争の敗北の戦略論的根拠を、組織論的根拠を、反代々木行動左翼は全然掘りさげようとしていない。いやむしろ「階級決戦」主義的にたたかうことをつうじて解体的危機に直面させられている自己組織をたてなおすために大衆運動をくりひろげ、それによってのりきろうと策しているにすぎない。

だが、このような政治技術主義的な破産ののりきりは決してできないし、ほかならぬわが革マル派と全学連の運動が、このような腐敗した一切の傾向を粉砕するためにたたかうであろう。ブクロ＝中核派を中心として、からくも統一戦線的なかたちでおしすすめられてきた、いわゆる「八派連合」なるものは、そしてまたこの「八派連合」の私物化によって引きまわされてきた「全共連」〔全国全共闘連合〕の運動ならびに反戦青年委員会の運動は、決定的な危機にたたされている。いわゆる「八派政治粉砕」の名のもとに中核派のセクト主義にたいする抵抗が「八派連合」の内部に発生し、「八派連合」とそれに指導された「全共連」や全国反戦の内部に亀裂が生じているのであるが、この亀裂を彼らの分裂として、さらに彼らの組織それ自体の壊滅と運動の破壊として、われわれの闘いはおしすすめられなければならない。

## ノンセクト・ラディカリズムへの迎合

このような闘いをおしすすめていくためには、いまなお依然として、過去の彼らの破産の理論的根拠を暴露することが決定的に重要である。彼らの戦略の誤謬、彼らの組織論上の誤謬についての暴露を依然として徹底的におこなわなければならない。

これについて簡単に述べるならば、まず第一に必要なことは、いわゆるノンセクトのラディカリズムに反代々木左翼のすべてが迎合し埋没し、彼らに汚染されたということである。いわゆるノンセクト・ラディカリズムなるものは、反マルクス主義を標榜するものにほかならず、その本質はアナキズムでありサンディカリズムでしかない。このようなノンセクトの一定の左傾化した運動に迎合することによって彼らの運動上の破産を隠蔽してきたのであるが、こうした迎合をつうじて、彼らに迎合した反代々木の行動左翼主義者そのものまでもが反マルクス主義的な、アナキスト的な、あるいはサンディカリスト的な傾向に陥ったということである。

そして、このような傾向が現段階においては、毛沢東主義者どもの主張する「日本民族の抑圧にたいする責任の自覚」をそのまま受け入れて、おのれを民族主義的に純化していくという形態として実現しているのである。われわれが入管法闘争の方針におけるブクロ＝中核派などの民族主義的腐敗を暴露する前提として、彼らの過去における誤謬、ノンセクトのラディカリズムに迎合し埋没し、そして彼らに汚染されたというこの過去から暴きだすことが絶対に必要である。

そしてこれと結びついて、第二には、当然のことながら、彼らの運動もまたノンセクト・ラディカルと同様のハミダシ運動、日本プロレタリアートの階級的組織化をかなぐりすてて、ただひと握りの「反戦」労働者なるものを街頭に流れ出させ「武装」闘争を展開させてきたという、彼らのこの闘争形態についての批判をわれわれは徹底的に推進しなければならない。「日本プロレタリアートは体制内化されている。だから彼らを解き放つためには、戦闘的な反戦を志向している労働者たちが街頭闘争をくりひろげることによってしか打開の道はないのだ」というようなこの考え方、それ自体はノンセクト・ラディカルの考え方と同根のものにまで堕落させられていったのであった。

しかも、現段階では彼らの腐敗はさらに深化している。ひと握りの「反戦派」労働者の「街頭武闘」闘争の自己目的化が国家権力にたいしてほとんどまったく有効性をもっていない、ということを自覚させられた彼らは、労働戦線における苦難に満ち満ちた闘いを投げ捨てて、問題を横すべりさせている。すなわち、「在日アジア人、抑圧されているアジアの民族と連帯する」とか、「部落民と結合した闘いを展開する」とか、というように問題を横すべりさせているのである。これはおそらく、アメリカなどにおける黒人闘争の激化という問題に触発されながら、それからの類推において、「在日被圧迫民族」なるものとの「提携」とか「部落解放の闘いとの提携」とか、要するに「地域における人民の、あるいは被抑圧民族の闘いを組織化しなければならない」というように問題をたてたものにほかならない。

だが、プロレタリア革命の主体は何であるかということは分かりきっている。問題は、安保＝沖縄闘争がなぜ敗北させられなければならなかったか、ということの組織的根拠ならびに戦略的根拠を掘りさげていくことにこそある。

いうまでもなく、現段階における日本労働戦線はきわめて大きな深刻な危機に直面させられているのである。すでに昨六九年十二月の衆議院選挙においてあらわにされたように社会党は没落の一途をたどるだけでなく、これを映しだして総評の分解の危機に直面させられている日本労働戦線は、総体として右翼的大再編への過渡期にある。日本労働運動は総体としてブルジョア的秩序に、帝国主義的秩序に編みこまれようとしている。このような危機的現実をその内部からいかに覆していくべきかという、前衛党が追求しなければならないまさにこの決定的な問題をないがしろにして、ただもっぱら「在日アジア人との提携」だとか「部落解放との結びつき」だとか、あるいは「公害闘争」というような小ブルジョア的なものに闘争の中心課題を横すべりさせ、日本革命を実現すべき主体の階級的組織化を投げ捨てているというこの腐敗として今日この段階であらわれているのである。

われわれは、安保＝沖縄闘争における革命の主体の組織化を着実におしすすめてきたわけであるが、行動左翼主義者どもはひと握りの「反戦」労働者をはみだせ、しかもそれに意味付与をしていたにすぎなかった。「ソビエト運動」だとか、「工場代表者会議」だとか、あるいは「工場評議会運動」だとかいうようなコミンテルン時代の路線を、革命情勢が熟していない、いわゆる労働者階級がほとんどまったく体制内化されている今日の段階で実現しようと夢想し、そして破産したこの過去に一顧だにあたえず問題を横すべりさせているのである。

それゆえに、われわれは、反代々木行動左翼主義者、いわゆる「新左翼」なるもののすべてが日本革命の主体としてのプロレタリアートの階級的組織化を、労働運動の雪崩をうつ右傾化とそれを左から補完している社共両党の腐敗をのりこえつつ組織化していく、この地道な闘いをまったく放棄してきた彼らの組織論のデタラメさ、そしてこれに規定された彼らの党組織ならぬ行動団体化というこの腐敗した現実を暴露することが、第二に重要なことである。

行動左翼主義者どもは、口を開けばこう言う。「革マル派には階級形成論がない」と。だが、ほかならぬ「階級形成論がない」のはわれわれを非難する彼ら自身にほかならない。端的、直接的にいうならば、一九六九年の十―十一月闘争における動力車の二千のデモの展開、そしてすべての党派がカンパニア闘争に埋没していた七〇年六月闘争における動力車のストライキの実現*。これこそは、ほかならぬわが同盟を中核とした革命的および戦闘的労働者が自己解放のためにたたかっているということを、事実をもって明らかにしたものにほかならない。

＊「国鉄戦線における七〇年安保＝沖縄闘争」『革マル派 五十年の軌跡』第二巻所収を参照。

一般的にいうならば、階級形成、プロレタリア階級の階級的組織化の問題は、ほかならぬその前衛部隊、革命的プロレタリアの党が、いかに即自的プロレタリアを階級的に組織化していくかの問題として追求していかなければならないのである。しかも、現段階は十九世紀とはまったく異なるのである。前衛党づらをした代々木スターリニスト党が、そしてまた社会民主主義者の党が、日本階級闘争の前進を阻んでいるというこの現実にふんまえつつ、革命の主体を階級的に組織化していくという場合には、当然のことながら、既成左翼をのりこえてたたかう革命的左翼が、どのようにスターリニズムや社会民主主義の羈絆（きはん）から組織的にもイデオロギー的にも労働者を解き放っていくか、というように問題がたてられなければならない。

しかも、いうまでもないことであるが、国家独占資本主義のもとでは、労働者はいわゆる労務管理政策によって資本のもとにがんじがらめにされている。一挙手一投足が、そして頭脳活動さえもが、資本によって統制され支配され管理されているのである。このような時代において革命の主体を創造していくという問題は、同時に**党創造**の問題として追求しなければならないのである。ただたんに労働者階級の外部にある職業革命家集団が一定の方針を外部から流しこみ、そして彼らを決起させる、というような方法をもってしては革命闘争の組織化は決してできないのである。

## 民族主義への転落

しかるに、反代々木行動左翼主義者どもは「眠れる労働者階級の外部から革命的な方針を流しこみさえすれば革命的な闘いができる」などと妄想し、そして彼らはそれを十―十一月闘争において実現しようとしたのであったが、しかしそれに成功しなかった。このような彼らの観念性それ自体を自己批判し克服すべきである、というようにわれわれはイデオロギー闘争を展開してきたのであるけれども、彼らはそれらについてまったく無視して省みない。そしてその代わりにもちだされているのが「在日被抑圧民族との連帯」であり、「部落解放闘争との連帯」という方針なのである。これらは明らかに、彼らの過去の破産を隠蔽するためにもちだしてきた欺瞞的なものにすぎない。だが、たんに欺瞞的なものではなく、その裏側には、後で述べるように、行動左翼主義者どもが民族主義的に腐敗しているということのひとつのあらわれにすぎないのである。

だから一言でいうならば、七〇年安保闘争において破産したことの戦略論的および組織論的な掘り下げを放棄し、その代わりに自己の破産を隠蔽するためにもちだされているのが「在日アジア人との連帯」であり「部落解放闘争との結合」である、といわなければならないのである。具体的にいうならば、たとえば労働戦線において何ひとつ組織化を推進することなく、ただ彼らの外部から「山猫スト」を呼号したにすぎない共労党内モモンガー一派は、今日どのような路線転換をやってのけているか。

簡単にいうならば、「山猫スト」とか「拠点スト」とかを呼号しても簡単にはストライキ闘争ができないがゆえに、「労働運動を推進しなければならない」と称して右翼的な労働組合運動を開始している。そして、彼らの反帝主義的な戦略の誤謬をば、「先進国革命主義であった」というかたちで自己批判しているのである。「先進国革命主義であった」ということは、簡単にいうならば、「従来は日帝打倒のためにのみたたかっていてアジア革命との連帯を見落していた、ゆえに先進国革命主義を克服し、アジア革命の一環として日本革命を推進しなければならない」、あるいは「アジア各地でまきおこっている民族解放闘争に応えなければならない」というかたちで、なしくずしをやってのけているのである。

こうしたインチキな路線転換は必然的に同時に、毛沢東主義者M・L派などとの無批判的な癒着と、それへの追随にもとづく民族主義への転落としてあらわれているのが現段階における第三の特徴であり、これがわれわれの党派的イデオロギー闘争の第三の核心問題であるといわなければならない。

とりわけ、ブクロ=中核派は、「日本帝国主義のアジア侵略を内乱へ」というスローガンを掲げているだけでなく、同時に現段階における国際情勢とりわけ日本帝国主義の状況を抑圧民族と被抑圧民族との関係においてとらえることにより、「われわれが抑圧民族であったという過去を自己批判しなければならない、そのような自覚をもたなければならない、そして被抑圧民族の立場にたち彼らの闘いと連帯しなければならない」というような方針をうちだしているのである。これは、後で詳しくみるように、明らかに毛沢東主義的な民族主義への癒着という過去に決定された今日の腐敗のあらわれでしかないのである。

安保=沖縄闘争の直後、〔一九七〇年〕七月七日の例の集会以後、反代々木行動左翼集団のすべては、華青闘〔華僑青年闘争委員会〕の一喝のもとに、毛沢東主義者の一喝のもとに、完全に民族主義的堕落を自己暴露すると同時に、それをますます純化しつつあるのである。この現実は何を意味するかというならば、彼ら反代々木行動左翼諸集団がスターリニズムと決定的に対決していなかったことの必然的な帰結にほかならない。代々木スターリン主義者の反米民族主義や議会主義にたいして、ただたんに「日帝打倒」、そして「武装闘争」を単純対置したにすぎなかったこのような思想的頽廃が、今日においては華青闘の毛沢東主義者に癒着し彼らに迎合していくという民族主義的腐敗としてあらわれているのである。

＊「八派連合」の「7・7盧溝橋事件三十三周年集会」。反代々木行動左翼のすべてが華青闘の「告発」に屈服し迎合した。

と同時にこのことは、すでに述べたように、かつてはノンセクト・ラディカルズに迎合したというその思考法の、毛沢東主義者［へのかかわり］におけるあらわれであるということをも、われわれは見落してならないであろう。大衆がたとえ反マルクス主義的なものであったとしても起ちあがるならばそれに迎合しなければならないのと同様に、被抑圧民族の華青闘の意見に耳を傾けなければならない、というような考え方はまったく同じなのである。華青闘の意見に屈服したということは、屈服した者それ自身の民族主義的な堕落を自己表明するものでしかない、ということについてのたちいった究明は後にまわすことにしよう。

現段階においてわれわれがくりひろげるべき党派的イデオロギー闘争のまず第一の問題は、われわれが執拗に暴きだしてきたところの反代々木左翼の行動左翼主義者どもが破産しなければならない根拠、これを再び執拗に現段階においてもくりひろげなければならないということである。

さしあたりここでは、本質的な問題として三つの点にわたって述べた。くり返していうならば、まず第一は、ノンセクト・ラディカリズムへの迎合と癒着にもとづく行動左翼主義者の腐敗の深化。第二が、党建設、党創造ぬきの階級形成主義の破産の暴露。そして第三は、毛沢東主義との癒着と相互滲透にもとづく反代々木行動左翼主義者の民族主義的偏向の純化。この三つの問題をイデオロギー闘争の核心にすえつつ、彼らの破産を現段階において暴露すべきであると考える。

## Ⅱ　海老原虐殺問題への死の沈黙

われわれが推進すべき党派的イデオロギー闘争の第二の核心問題は、かの海老原君の虐殺問題にかんする一切の行動左翼主義者ならびに文化人と称する輩の死のような沈黙を弾劾し、のりこえていく闘いでなければならない。海老原虐殺問題それ自体についてここで深くたちいるわけにはいかないけれども、われわれは次のことを明確にしなければならない。

ブクロ＝中核派どもの海老原虐殺はリンチでしかないということ、組織的暴力の行使ではないということ、組織的テロではなくリンチ以外のなにものでもないことを明確にしなければならない。しかもこのリンチたるや、当然のことながら彼らの組織的な解体的危機と運動上の破産を隠蔽するための一手段として行使されたという、この腐敗した現実を暴露しなければならない。この海老原虐殺問題はブクロ＝中核派の組織それ自体の組織的な腐敗、思想的頽廃、いや道徳的堕落をも象徴的にしめしたものとして、われわれはとらえかえし弾劾しなければならない。そして、これにたいしては当然のことながら、われわれの組織的反撃がなされなければならなかった。海老原虐殺はわが反スターリン主義運動と革命的学生運動にたいする敵対であり、この敵対にたいして断固たる組織的鉄槌が下されなければならないのは当然のことであった。

しかるに、このような事態を暴力一般の問題に抽象化し、抽象化することによって、反撃したわが同盟と学生運動にたいして誹謗を投げかける一部の文化人なるものも存在しているわけである。だが、どのようなものも、断片を抽象しそれを絶対化するならば誤謬に転化する、ということは弁証法のイロハである。そしてまた、たとえ海老原虐殺ということがブクロ派組織の偶然の行為であったとしたとしても、偶然性は必然性へ転化し、偶然性は必然性のモーメントであるということは弁証法のイロハなのである。こうした弁証法のイロハ、必然性と偶然性にかんするイロハも、断片の抽象化と絶対化が誤謬に転化するという弁証法のイロハもわきまえることなく、虐殺それ自体、あるいは暴力の行使それ自体を抽象化し暴力一般を非難するなどというのは、まったくもって珍奇な事柄なのである。革命的な暴力は、それを行使する基準、目的、手段、そして程度という緊張した関係において、しかもわが同盟組織指導部の責任において行使されているのであり、そしてまた全学連による反撃の闘いもそのようなものであったと考える。

　われわれは暴力一般を非難すべきではない。国家暴力にたいして組織的に対決する、その組織の機能の一つとして暴力の行使があるという、このマルクス主義のイロハをわきまえ、そして政治の論理を打ち砕いていくために政治そのものを根絶するという目的を喪失することなく、われわれの闘いは着実におしすすめられていかなければならないのである。暴力そのものを根絶すること、これはわれわれの究極目的であり、それはプロレタリアートの自己解放において実現されるわけであるけれども、かかる革命への過程においては、現実政治の論理のただなかにありながら同時に政治を根絶していくという闘いを推進していかなければならない。政治を根絶することをめざしながらも、同時に現実政治の場においては現実政治の論理に編みこまれるという、この二律背反をわが前衛党の指導部は明確に自覚し、イデオロギー闘争にささえられ運動の推進をつうじて、ブクロ＝中核派の最後的解体のための闘いをいまおしすすめつつあるのである。

われわれは、ただたんに海老原虐殺を偶然的な個人的な問題としてとらえているわけではない。ほかならぬ、わが反スターリニズム運動とわが革命的学生運動にたいする敵対としてとらえかえし、しかもブクロ＝中核派の死のあがきのあらわれがかの虐殺行為であることを明らかにし、彼らの安保＝沖縄闘争の破産の隠蔽の一手段として行使されたリンチを弾劾しつつ、彼らを運動上でも追いつめ、組織的に解体していくためのイデオロギー的および組織的闘いを果敢に遂行していかなければならない。いわゆる「八派政治粉砕」の名のもとに「八派連合」の内部に亀裂が生じていることを自動的に待ち望んではならない。われわれがこの亀裂を拡大し、分裂として実現し、そしてブクロ＝中核派のこの思想的・組織的・道徳的に頽廃した組織を完全に打ち砕き葬り去るために、われわれの全努力は注がれなければならない。

だが、この闘いはそれ自体目的化されてはならない。ほかならぬ全学連運動の革命的推進をつうじて、とりわけ安保＝沖縄闘争の果敢なる推進と入管法問題をめぐるイデオロギー闘争をつうじて、八派なかんずくブクロ＝中核派を組織的に解体していくための闘争を推進していかなければならない。しかも、海老原虐殺問題にたいして沈黙をまもっているすべての左翼ならびに文化人なるものは明らかに共犯者であることを、われわれは公然と暴露すべきである。
自己組織の崩壊的危機、運動のジリ貧化、イデオロギー的な腐敗、道徳的な頽廃を隠蔽するためのさまざまな策動をブクロ=中核派が今くりひろげているのであるが、こうした穢(けが)れた反代々木の行動左翼主義者どもが海老原問題にたいして死のような沈黙をまもっているという、この現実をとらえて、われわれはブクロ=中核派とともに彼ら反代々木左翼主義者どもを串刺し的に批判し、弾劾し、暴露し、彼らの組織と運動を壊滅させるために、われわれの闘いは集中されなければならない。

**「革命的暴力の行使」について**

だが、或るヒューマニストは言うかも知れない。「たとえ「革命的」という限定が付されていたとしても、暴力の行使はやはり倫理的にまずい」「「革命的暴力」というようなことをいってもそれはまずい」とか、「海老原虐殺問題にたいして組織的に反撃をなすことはまずい」とかいうようなことを言う人がいるかも知れない。だが、われわれは、行使された暴力の質それ自体を問わなければならない。

ブクロ＝中核派によるかの虐殺は組織的なリンチであって、組織それ自体が行使する組織的暴力では決してないのである。そしてまた、それにたいする組織的な反撃、指導部が責任をもって行使したかの組織的な反撃、ブクロ＝中核派にたいする鉄槌は「組織エゴイズム」のもとに行使されたわけでは決してないのである。わが反スターリン主義運動と、その一翼を担っている革命的学生運動にたいする攻撃としてとらえかえすということを基礎とした、組織の責任ある反撃にほかならない。「組織エゴイズム」の観点からの単なる暴力の行使ではないのである。「組織エゴイズム」というかたちで、かの反撃の鉄槌を評価するということは、わが反スターリン主義運動の十数年にわたる歴史それ自体をないがしろにした以外のなにものでもないのである。

簡単にいうならば、一九六二年の全学連第十九回大会において、いわゆる「他党派解体の暴力路線」が岡田新こと清水丈夫によって提起されたのであったが、これを粉砕するために一九六二年七月下旬から九月にかけての組織内のイデオロギー闘争が果敢に遂行されたのであった。そして、ほかならぬこのような内部闘争が、わが革共同の第三次分裂のひとつの要因となっていることはいまさらいうまでもないであろう。ブクロ＝中核派と革マル派とのあいだの「内部的な抗争はずうっと以前からあったのだ、内ゲバはすでに一九六二年の段階からあったのだ」

などといったかたちで革共同両派を非難する輩がいるけれども、これは事実を歪めるものでしかないのである。

『日本の反スターリン主義運動』第一巻において、この事実は明確に述べられているはずである。第Ⅱ篇「《マルクス主義学生同盟》の建設のために」ということは、名前があがっていないとしても岡田新という学対部長が提起した路線との対決をつうじて第三次分裂が不可避となった、とさえいっていいのである。そしてこのような暴力路線を受け継ぎ、それを開花させているのが今日のブクロ＝中核派であり、それが海老原君虐殺として結果したということ、このような歴史的反省即構成の弁証法を適用するならば、われわれの組織的反撃を「組織エゴイズム」などというかたちで非難することは決してできないのである。われわれこそは革命的なマルクス主義者として、暴力行使の基準を絶えずその時々の状況、組織的な状況、運動上の問題との相互の連関における緊張のただなかにおいてとらえ行使しているのである。

いわゆるノンセクト・ラディカルズ、具体的にはたとえば「反戦連合」とかいうような腐敗した分子が反代々木左翼の中にまぎれこむことによって、いわゆる「内ゲバ」なるものが蔓延するきっかけをつくったことは否みがたい。こうした腐敗した分子を抱えこむことによって、わが革命的左翼をも「内ゲバの元祖」などというかたちで歪め、そしてわが同盟組織ならびに全学連にたいして誹謗中傷が投げかけられているのである。

われわれは暴力を無原則的に行使することを断固として拒否する。原則のない、目的のない、単なる暴力の行使をわれわれは拒否する。だが、われわれのイデオロギー闘争、党派闘争の貫徹の過程において、一定の時点において暴力が行使されるであろうことをわれわれは決して拒否しない。その場合にも、革命的マルクス主義の原則がつらぬかれなければならないし、組織それ自体が責任を負って実現するものにほかならない。それは「組織エゴイズム」のために行使されるわけではない。暴力それ自体を抽象化し、暴力それ自体を非難することをもってしては、われわれの究極目的、プロレタリアート自己解放を帝国主義打倒をつうじて実現することは決してできないのである。

前衛党が行使する暴力はあくまでも対権力との緊張関係においてなされなければならない。前衛党が行使する暴力を直接そのままスターリンの「粛清の論理」に結びつけるわけにはいかない。スターリン専制のもとに、そしてスターリニスト党のもとに行使される暴力を、われわれは反階級的なものとして弾劾する。われわれの基準はあくまでもプロレタリア階級の自己解放の、それを実現するための一手段として暴力は位置づけられなければならない。

実際、海老原虐殺の後においてブクロ＝中核派がとった行為、権力の前に彼をさらしたということは、彼らの暴力行使が、無目的、無原則であることを明らかにしているのである。われわれは、このような事態にしめされるブクロ＝中核派の組織的・思想的・道徳的頽廃を弾劾し、暴露し、彼らの組織的解体をもって海老原君に応えなければならないのである。そして、こうしたブクロの行為にたいして死の沈黙をまもっている反代々木行動左翼主義者をも共犯者として弾劾し、彼らの組織の解体をも、運動をつうじて、またイデオロギー闘争をつうじて実現しなければならない。[*] これが、われわれの第二のイデオロギー闘争上の核心問題である。

＊　全学連中央執行委員会情宣部編『革命的暴力とは何か?』（こぶし書房）を参照。

## Ⅲ　反代々木行動左翼集団の民族主義的堕落

現段階におけるわれわれの党派的イデオロギー闘争の第三の核心問題は、おしなべて組織的分解の危機にたたされている反代々木行動左翼諸集団が入管法反対闘争にとりくむことによって、同時に民族主義的に堕落していることを暴露すべきだという問題である。

反代々木の行動左翼主義者どもがおちこんでいる民族主義とは、もちろん代々木スターリニストの反米民族主義とか、「自主独立」の名における民族主義的排外主義とかいうようなものとは異なることはいうまでもない。いやそもそも、こうしたスターリニストのいわゆる民族主義、このスターリニストのナショナリズムはプロレタリア・インターナショナリズムの疎外形態であって、ブルジョア・ナショナリズムなどと明確に区別されなければならない。プロレタリア・インターナショナリズムの疎外形態としてのスターリニスト党の民族主義、これは今日の代々木の場合には「自主独立」というかたちであらわれ、反米民族主義的な色彩が後景に退けられていることは事実である。とはいえ、一国革命主義、議会主義、二段階戦略というような彼らの路線につらぬかれているところのものは、プロレタリア・インターナショナリズムを道徳的要請と化した民族主義への転落である。

### 「被抑圧民族迎合」主義への転落

ところで、今日の反代々木行動左翼主義者がおちこんでいるところの民族主義とは、一言でいうならば「被抑圧民族」なるものへの「迎合」主義というように簡単に締めくくることができる。もちろん、M・L派などのような毛沢東主義者群の場合には、明らかに毛＝林［毛沢東

＝林彪〕一派の反米武力総路線に基礎づけられた民族主義がつらぬかれているわけであるが、こうした毛沢東主義者の反米民族主義に一定の反撥をしめしているブクロ＝中核派の場合には、「被抑圧民族への迎合」主義に転落している。これをポジティブに言うならば、「われわれ日本人は抑圧民族であった、ということの自覚にもとづいて闘いが遂行されなければならない」というような表現をとってあらわれているのである。この場合には、代々木のプロレタリア・インターナショナリズムの疎外形態としての民族主義、あるいは毛沢東主義者の反米主義とは異なるとはいえ、同じくプロレタリア階級闘争を民族主義的に歪めているという意味では、今日のブクロ＝中核派のスターリニズムへの傾斜、とりわけ毛沢東主義的な民族主義を批判することができないで彼らに迎合していることを端的にしめすものにほかならない。

先に〔述べたように〕、七〇年安保＝沖縄闘争における彼らの破産の戦略論的、組織論的な反省がまったくなされておらず、したがって現段階においては、7・7集会において華青闘の毛沢東主義者が提起した立場へのりうつるという腐敗として現象しているのである。自己の組織的危機を「革マル派＝反革命集団」の名のもとに虐殺行為をもあえておこないながら隠蔽している中核派の、このような民族主義的堕落とほぼ同じように、組織をなんらもっていない共労党内モモンガー一派もまた同様の腐敗を深化しているのである。先にも簡単にふれたように、七〇年以前の彼らの戦略・路線をば「先進国革命主義である」などと自己批判し、「現段階においてはアジア革命をたたかいとることが重要である」などと主張して、M・L派の毛沢東主義者や四トロ［第四インター日本支部］などと癒着しているのである。七〇年安保闘争の序幕の段階にある現在、彼らは安保＝沖縄闘争の革命的推進をかなぐり捨ててもっぱら入管法問題に飛びつき、そうすることによって「アジア革命」というかたちで問題をずらしているといわなければならないだろう。これは過去の「日帝打倒」主義の破産を隠蔽するために提起された弥縫策、取り繕いにほかならない。

だが、こうした取り繕いそれ自体をつうじて、「八派連合」もまた二つに分解しているのである。いわゆる「アジア革命派」と「先進国革命派」なるものへの分解である。

「先進国革命派」というのは、依然として「日帝打倒」を堅持して、ただそれに接ぎ木的に「アジア革命」の問題を提起しているにすぎない。スローガン的にいうならば、「アジア侵略を内乱へ」というスローガンのもとに入管法闘争をおしすすめようとしているブクロ＝中核派の場合である。これにたいして、自称「アジア革命派」というのは、M・L派、共労党そして四トロなどの「三派連合」がこれに属するといえるであろう。彼らの場合には、従来の「日帝打倒」主義、それにもとづいた「武闘」闘争ないしはサンディカリズム的な闘争形態についての自己反省を全然せずに、「先進国革命一本槍主義でやったならば日帝打倒もできない」、それゆえに「アジアの民族解放闘争と結合して日本における階級闘争を推進しなければならない」というようなことを主張しているにすぎない。もちろんブクロ＝中核派の場合にも、「アジアにおける民族解放闘争に触発されながら日本における階級闘争を推進していかなければならない」というようなことを論じている。そのかぎりにおいては「アジア革命派」となんら選ぶところがないのである。

たとえ、「アジア革命派」と「先進国革命派」という二つのグループにこれまでの「八派連合」が分解しつつあるとはいえ、彼らすべては現段階における民族問題とは何か、ということにかんする根本的な省察がまったくぬけおちている、という意味では同一性をもっているのである。それゆえに、入管法闘争についてわれわれはどのようにとりくむべきかという具体的な事柄にかんしてではなく、入管法問題へとりくむ場合のイデオロギー上の核心問題について、以下にふれていきたいと思う。

その場合、われわれは二つの問題を明確に区別と統一において追求していく必要があると考える。その第一は、情勢分析にかかわる問題であり、第二は、現段階における民族問題はどのようなものであり、そしていわゆる「民族解放闘争」にたいして革命的マルクス主義者としてのわれわれはいかに対決し、それをのりこえていくべきかという問題についてである。

情勢分析上の問題と、民族解放運動をのりこえていくこの闘いを日本帝国主義の打倒をめざした闘いといかに結合していくかという問題(後者)、この両者を統一的に把握することが重要であって、前者、情勢分析上の問題から後者を直接説明するわけにはいかない。とりわけ後者、民族解放闘争と呼ばれているものにたいしてわれわれはどう対決し、それをのりこえていくべきか、そしてそのように問題を提起することなく、ただもっぱら「被抑圧民族の立場にたて」などということを道徳主義的に主張しているにすぎない行動左翼主義者を弾劾して、われわれの階級闘争、大衆運動をいかに推進していくべきかという問題とは、［前者は］明確に区別されなければならない。

前者の情勢分析上の問題は、同時に、現段階における帝国主義がレーニン時代のそれといかに異なるかということとも関連しているのである。だから、前者の問題は、帝国主義のレーニン段階の古典的な形態と、スターリニスト・ソ連邦を中心とするいわゆる社会主義陣営が形成されている現段階における帝国主義の形態変化、その対外政策の変化ということについての考察をしなければならないのである。

## 帝国主義段階における民族問題

この問題に入っていく前に、一応ナショナリズムという概念についての混乱がみられるので、これを整理しておきたいと思う。ナショナリズムということは、典型的にはブルジョア・ナショナリズムとしてわれわれはとらえかえさなければならない。もちろん、現段階ということは帝国主義的段階ということであって、産業資本主義段階におけるそれとは異なるのである。

一般に、民族問題を考えていく場合には、ブルジョア国家形成期（十八、十九世紀あたり）における民族問題と、一九〇〇年以後のいわゆる帝国主義段階における民族問題とは、明確に区別されなければならない。前者、ブルジョア国家形成における民族問題とは、ブルジョア国家の形成がすなわち民族の形成となるということ、ブルジョア民族の形成とブルジョア国家の形成とが同一であるということ。ところが後者、帝国主義段階における民族問題は、民族＝植民地問題あるいは植民地＝民族問題としてあらわれるのである。

すなわち、資本主義が帝国主義的段階に突入することによって、国内的な資本過剰を後進国へ輸出することによって、そこを植民地化したり半植民地化したり従属国化したりする、というようにレーニンが呼んでいるのであるが、このような帝国主義的支配がうみだす、つまり植民地的支配がうみだす民族問題、これがレーニン段階でいわれているところの帝国主義段階における民族問題なのである。後者のような問題と、ブルジョア国家形成期におけるそれとを区別しなければならない。ところで、この両者が区別されずに二重うつしにされているのが現状なのである。

それはなぜか。いうまでもなく植民地の場合には、ブルジョア革命がなお実現されていない、ゆえにブルジョア的な民主主義的任務を解決するという課題に植民地人民は直面させられている。それゆえに、植民地人民は先進資本主義国においては過去に達成された民主主義的な課題、「民族自決」「民族主権の確立」というような問題が現実の闘争課題となる。そして、このような「民族主権の樹立」「民族自決」の闘いをそれじたい革命の一段階、すなわち「民族解放革命・民主主義革命」というように固定化する。そこから、帝国主義段階における民族解放の問題をブルジョア国家形成期における民族問題と二重うつしにすることが不可避となるのである。

簡単にいうならば、スターリニストのかの二段階革命論、「ブルジョア民主主義革命から社会主義革命への転化」という、この二段階革命論の植民地革命への適用、そこから後進国や植民地における革命がブルジョア革命、古典的ブルジョア革命のようなものとみなされていくのである。こうしたスターリニスト戦略の誤謬の結果として、あるいはその前提として、帝国主義段階における植民地＝民族問題と、ブルジョア国家形成期における民族問題とが二重うつしになるのである。このようなスターリニスト二段階革命戦略の後進国革命への適用形態が「民族解放民主主義革命から社会主義革命へ」というものである。あるいは「民族解放闘争の革命性を無条件に支持しなければならない」というような考え方がでてくるのである。そして、このような「民族解放闘争の無条件的支持」は、スターリニストだけでなく反代々木左翼のすべてが今日おちこんでいる路線なのである。

それゆえに、帝国主義段階における民族問題とは民族解放闘争の問題としてではなく、ほかならぬ植民地における革命闘争、しかもプロレタリア革命、世界革命の一環としてそれを永続的に実現していく階級闘争として、われわれはとらえなければならないのである。帝国主義的支配が現存するかぎり民族問題は現存するのであるが、この民族問題をマルクス主義的に解決することがわれわれの問題なのであって、民族問題を民族解放闘争の問題として固定化するのはスターリニストの誤謬であるということ、これをまずもって明確に自覚しておく必要があるだろう。

ところで、民族主義という概念を明確にしておく必要があると先に言ったけれども、たとえば次のようなものを分けなければならない。素朴な民族感情あるいは素朴な民族意識、これのイデオロギー的表現あるいは形態化されたもの、これがナショナリズムである。民族感情とか民族意識とかとナショナリズムとを混同してはならない。ナショナリズムという場合には、民族感情や素朴な民族意識の理論的に対象化された形態なのであるから。

現段階においては、ブルジョア国家が形成されている場合には、ブルジョア・ナショナリズムとして現象しているわけであるし、あるいは後進国・植民地においては帝国主義的支配からの離脱、「反植民地」「反帝」ということは、その土着の民衆のナショナールな意識およびナショナリズムとして現象するのである。これが、ブルジョア・ナショナリズムとその前提となっている各国のナショナールな素朴な意識、あるいは感情にかかわる事柄である。

が、しかし、戦前の日本帝国主義の場合には、天皇制イデオロギーというものが動員された。いわゆる「八紘一宇の精神」とか「総力戦体制」をささえたイデオロギー、これは日本ナショナリズムである。これはブルジョア・ナショナリズムと相対的に区別されなければならない。天皇制ナショナリズムとブルジョア・ナショナリズムとは区別されなければならない。第二次世界大戦をまきおこしたヒットラーやムッソリーニなどのナショナリズム、ヒットラーの Blut（ブルート） und（ウント） Boden（ボーデン）［血と土］のナショナリズムはブルジョア・ナショナリズムではない。ファシズムあるいはナチズムのイデオロギーとしてのナショナリズムであるわけだ。

今日、こういうファシズムのイデオロギーは蔓延しているわけではないけども、日本の場合には、いわゆる「国益論」というものは基本的にはブルジョア・ナショナリズムを軸におきながら、それに天皇制イデオロギー＝日本ナショナリズムを接ぎ木した形態であるといえるであろう。実際、佐藤［栄作］のブルジョア・ナショナリズムは、彼の兄貴の岸［信介］の日本ナショナリズム、天皇制イデオロギーと密着して一つのイデオロギーを形成し、今日のいわゆる「国益論」の内実をかたちづくっているわけなのである。

もう一度くり返すと、素朴な民族感情、素朴な日本人としての民族意識というのが第一。第二は、ブルジョア・ナショナリズムということ。第三は、天皇制イデオロギーというかたちで対象的に表現されているところの日本ナショナリズム。この三つが明確に区別されなければならない。そしてさらに、すでに述べたように、代々木共産党の反米民族主義というような反米ナショナリズムは、プロレタリア・インターナショナリズムの疎外形態であるということ。合計この四つが明確に区別されなければならない。そしてさらに第五番目には、今日のブクロ＝中核派に典型的にしめされているような、「被抑圧民族への迎合」主義という意味での民族主義である。

## 新植民地主義的政策について

さて、入管法問題を論じる場合に、まず第一に情勢分析上の問題があげられなければならない。これは、現段階における帝国主義が古典的帝国主義といかに異なるかということを明確に見定めておく必要があるであろう。

今日の帝国主義による植民地支配というのは直線的、ストレートにおこなわれるわけではない。まずもっておさえなければならないことは、一九一七年のロシア革命の実現と一九二四年以後のスターリニスト・ソ連邦の成立、これに対応した帝国主義陣営の国家独占資本主義への政治経済構造の推転、この両者をまずもっておさえる必要があるのである。第二次世界大戦以後においてもこの基本構造は変らない。アメリカ帝国主義を先頭とする各国帝国主義は対ソ連圏との関係において、彼らの後進国・植民地支配が実現されていることを、われわれは見落してはならない。

たとえば、ベトナム戦争をブクロ＝中核派は、「アメリカ帝国主義の資本過剰を解決するために実現しているのだ」というような説明をするけれども、これはまったくもって珍奇な事柄なのである。ベトナムに資本輸出して帝国主義的な超過利潤をあげ得られるか、ということはまったく考えられないのである。そもそも帝国主義は、政治的・軍事的に不安定なところに商品＝資本輸出をすることはまったくないのである。ベトナム戦争はとりわけ、われわれが主張してきたように、中・ソ分裂のこの事態をぬって強行された事態なのである。アメリカ帝国主義の対ソ連圏の軍事戦略にもとづいて、直接的には「中国封じ込め」という路線にもとづいてベトナム侵略が実現されたのであって、アメリカ帝国主義の資本過剰を解決するためになされているわけではないのである。ところがアメリカ帝国主義の資本過剰、商品過剰を解決するためとして、ベトナム戦争を経済主義的に――だが、この場合エセ経済主義的だが――基礎づけようとするブクロ＝中核派に欠けているものは、現代世界がスターリニスト的に変質したいわゆる社会主義陣営と帝国主義陣営とから成り立ち、そしてこれらのあいだの関係において分析がなされていない、ということにもとづくのである。

スターリニスト陣営と帝国主義陣営との現実的対立を前提とした理論分析は「体制間矛盾論である」などというようなデタラメな批判がなされているけれども、この矛盾を固定化することが誤謬なのであって、現に存在している対立を措定しつつ、ソ連を中心とするスターリニスト陣営の国家権力を打倒するとともに、帝国主義陣営の諸国家権力を打倒していく、そのようなアプローチのしかたが間違いなのではない。これを混同して、つまり戦略問題と情勢分析上の問題とを混同するからこそ、スターリニスト陣営と帝国主義陣営との相互依存にかんするわれわれの分析を「体制間矛盾論」などと言って批判にならぬ批判を展開することになるのである。とにかく、現段階における帝国主義は対ソ連圏の軍事戦略を措定することなしには彼らの後進国・植民地支配を実現することができないのだということが、まず第一に重要なことである。

そして第二には、このような基本的なシェーマにもとづいて、各国帝国主義が植民地・後進国を支配していく場合には、かつてのようにむきだしの暴力的な軍事的・政治的・経済的支配を実現することはできない、いわゆる古典的植民地主義を貫徹することはできない。そこで、新植民地主義的政策を各国帝国主義がとらざるをえなくなっているのである。

ところで、この新植民地主義的政策とは何か。簡単にいうならば、後進国の国家権力を法的に認めながらも政治的に規制し、そこに経済的に侵略していくということ、これを確固たらしめるためには半植民地という形態での支配がうみだされるのである。こうした新植民地主義的な支配がなされなければならないということは、ソ連などの、後進国や半植民地などにたいする経済援助にたいする対抗手段としてとられていることを、われわれは見逃してはならないのである。現代帝国主義は、レーニン時代の帝国主義のようなあからさまな政治的・軍事的・経済的支配を貫徹するのではなく、法的に独立させておきながら政治的に規制し経済的に侵略していくという形態をとるのである。しかもこのような国々においては、ソ連圏を包囲するための軍事基地が確固としておかれている。このような対ソ連圏の軍事戦略にもとづいて各国帝国主義の植民地的支配政策がとられていることを、われわれは見落してはならないのである。

だから、たとえば、「韓国は日本帝国主義の植民地である」などというようなとらえ方は間違っているのである。かつてのブクロ＝中核派は「韓国はアメリカ帝国主義と日本帝国主義の二つの帝国主義の植民地だ」というように言っていたのであるけれども、今日の日本帝国主義を自立論的にとらえる彼らは、安保同盟の問題を後景におしやって韓国を「日帝の植民地である」などと称している。これは誤りである。朴〔正熙〕ボナパルチスト権力が存在し、その軍事体制を経済的に保障するために、そして彼らの軍隊を近代化するために、日本帝国主義の韓国への商品＝資本輸出がなされているのであり、このような形態は日本帝国主義の韓国への新植民地主義的な侵略のあらわれだと表現しなければならない。韓国は日本の植民地ではない。これと同様に、台湾の場合も日本の植民地ではないのである。

日・韓・台の関係がいま調整されているけれども、これはあくまでもアメリカ帝国主義とそれぞれの国とが結んでいる軍事同盟を基軸とし、それを基礎としながら、それを経済的・政治的にささえるための種々の政治的折衝と経済的な交流・援助の名における日本帝国主義の資本輸出がたくらまれている、というように分析しなければならないのである。簡単にいうならば、帝国主義者がいう「低開発国の援助」というのは、新植民地主義的な政策を端的にしめしたものにほかならない。要するに、変質したソ連圏にたいする帝国主義的対応ということをまずおさえ、また、この対応のゆえに、後進国や植民地・半植民地にたいする各国帝国主義の支配形態がハイカラ化、新植民地主義化しているということをおさえておかなければならない。

ところで、現段階における日本帝国主義の対外進出を分析する場合には、日米軍事同盟の問題をぬかしてはならないのである。日本帝国主義は、あくまでも「核・ドル」帝国主義の傘のもとにアジア各地への帝国主義的な経済進出を現段階では目論んでいるのであり、そしてこれに続いて政治的な進出や軍事的な、国連軍をバックとした進出がたくらまれるであろうからである。ところが、今日のブクロ＝中核派は、現段階における日本帝国主義は、あたかも各国、とりわけ朝鮮、台湾などへ政治的・経済的・軍事的に侵略しているかのごとくに分析し、危機を煽りたて、かかる日本帝国主義の対外侵略にたいしてたたかうために「日本で内乱を起こせ」と喚きたてているにすぎないのである。その場合、アメリカ帝国主義との軍事同盟の問題がスッポリぬけおちている。彼らの場合には、古典的帝国主義のつかみ方を、そのまま直接に現段階にもちこんでいるわけなのである。このような帝国主義のレーニン的な把握の現段階への直接的もちこみを暴露することが、まず第一の中核派批判の環であるといわなければならないだろう。

## 「被抑圧民族への迎合」の非マルクス主義的本質

このように、現段階における各国帝国主義の後進国・植民地支配のしかたの形態変化をまったく無視しているブクロ＝中核派どもは、したがって、古典的帝国主義段階における「被抑圧民族と抑圧民族との対立」の図式をも直接もちこんでいるのである。だから、「日本帝国主義はいまや圧迫民族となり、アジアの被圧迫民族に敵対している。ゆえにわれわれは民族解放闘争に触発されながら、抑圧民族としての自覚にたってわれわれの運動をおしすすめなければならない」てなことを主張しているのである。これを彼らがハイカラ化して言うと次のようになる。「賃労働と資本の本質的な矛盾の現段階におけるあらわれが、抑圧民族と被抑圧民族との対立である」と。だが、民族と民族とは対立しないのである。あくまでも、政治・経済的なものを媒介として、「抑圧民族と被抑圧民族の対立」のようなものがうみだされるのであって、抑圧民族と被抑圧民族の根底にある階級的な実体的対立を本質論的につかむことがわれわれの問題なのである。

帝国主義本国と植民地との対立を「圧迫民族と被圧迫民族との対立」としてとらえるのは社会学的現象論でしかない。帝国主義本国における帝国主義ブルジョアジーとそれに抗してたたかうプロレタリア階級、この本質的対立をおさえるとともに、このような帝国主義に支配され抑圧され、搾取され収奪されている植民地人民の内的構造を、階級的実体関係を分析することが問題なのである。植民地のブルジョアジーといえども帝国主義の植民地政策に反対し、「反植民地、反帝国主義」の旗を掲げてたたかう。これはブルジョア・ナショナリズムにもとづいた民族解放運動であり、そしてこのようなブルジョア・ナショナリズムにもとづいた民族解放運動に迎合してそれを現段階における革命の一段階とみなすのがスターリニストなのである。だから、現段階において後進国や植民地でたたかわれている民族解放闘争の質は、性質は、ブルジョア・ナショナリズムとスターリニストの民族主義とが渾然一体となったものであり、そしてこれはプロレタリア革命の前段階としての「民族解放革命」、「民族の独立、民族の自決をめざした革命」へ収斂されているわけなのである。

ところが、反代々木左翼の馬鹿者たちは、こういう民族解放闘争それ自体の質を問うことなく、「彼らがたたかっているがゆえに無条件に擁護しなければならない」と主張し、さらに「われわれは過去においてアジアの人民を圧迫していた、ゆえに圧迫民族であったというおのれを自覚しなければならない」、「アジア民族にたいする加害者としてのおのれを自覚して彼らに謝らなければならない」てなことを言っている。文学的に表現すると、日本人民あるいは日本民族は「加害者」でありアジアの民族は「被害者」であった、この「被害者、加害者の関係」において問題を追求しないかぎり、アジア人民がいかにわれわれがたたかったとしても言うことを聞くはずはない、てなことを主張しているのである。日本民族は「抑圧民族」であった、「加害者」であった、そしてアジア民族は「被害者」であり「被抑圧民族」であった、というようなとらえ方は文学的と社会学的との違いがあるとはいえ、いずれも非マルクス主義的な考え方であるといわなければならない。

問題は「加害者、被害者の関係」でとらえることにあるのではない。「抑圧民族と被抑圧民族との関係」においてとらえることでもない。まさしく問題は、日本帝国主義のアジア各地への侵略を阻止できなかったわれわれの過去を自己批判すべきなのである。あるいは、われわれが日本帝国主義者のアジア侵略に加担し、軍服を着た農民として、軍服を着た労働者としてアジア人民を抑圧したというこの過去を自己批判し、その過去から決裂することが問題なのであって、「抑圧民族」としてのおのれを自覚するということが問題なのではないのである。ほかならぬこのような自覚は、日本帝国主義の打倒の闘いを組織化する主体の形成として実現されなければならない。

それと同様に、アジアのいわゆる「被圧迫民族」も、日本帝国主義にたいして民族主義的に反撥したり、民族的に抗議したりすることが問題なのではない。日本帝国主義にたいする民族主義的な反撥の段階をのりこえつつ、日本帝国主義とたたかうことができなかった日本人民との連帯において、「民族自決」の闘いだけでなく、さらにプロレタリア革命をめざした主体にアジアの被圧迫人民が脱皮することが問題なのである。だから、華青闘の毛沢東主義者のようにおのれの民族主義を実体化し、その観点からブクロ＝中核派などを批判するということそれ自体も誤りなのである。彼らは日本帝国主義にたいして民族主義的に反撥するのではなく、日本帝国主義それ自体の階級的本質をつかみつつみずからを民族主義的な感情や民族主義イデオロギーから脱皮しつつ、帝国主義とスターリン主義とたたかいつつある日本人民の闘いと連帯することこそが問題なのである。

要するに、「われわれ日本人は加害者であった」とか「抑圧民族であった」、「民族の責任が問題にされなければならない」とかいうようなことを論じると、さもさも恰好いいようにみえるけれども、これはまったく非マルクス主義的なものでしかないのである。「加害者」とか「被抑圧民族」であったとかということの政治・経済的根拠は何かということをこそ、明らかにすべきなのである。

日本帝国主義のアジア各地への軍事侵略、経済侵略に抗してたたかうことができなかったわれわれの過去を自己批判することこそが大切なのであって、「民族的責任」なるものを痛感することが問題なのではない。他方、日本国内における、あるいはアジア各地における人民もまた、おのれを「被抑圧民族」として自覚しおしだすことが問題なのではない。日本帝国主義のアジアへの軍事侵略、経済侵略に抗してたたかうことこそが問題なのである。

それゆえにわれわれは、ブクロ＝中核派の次のような主張の観念性を暴露してたたかわなければならない。すなわち、「後進国における民族解放闘争、植民地における民族解放闘争を無条件に支持し、彼らの闘いに呼応して日本における反帝闘争をくりひろげなければならない」というような考え方は、民族解放闘争そのものの性格、そのブルジョア的あるいはスターリニスト的な性格を暴きのりこえていくということを放棄し、それ自体として固定化し、それに先進国における革命を接ぎ木するものでしかないからである。

われわれは、植民地や後進国における、いわゆる民族解放闘争なるものの質を問題にし、そのスターリニスト的歪みやブルジョア的な限界を暴露しつつ、それをのりこえてプロレタリア革命へと永続的に発展していくような可能性をもった闘いへと脱皮させていくためのイデオロギー闘争を推進しなければならない。他方、このような闘いに呼応して、われわれが現時点においてわが本土でくりひろげるべき闘争は、たとえば「在日朝鮮人の擁護」などというような闘いとしてではないのである。ほかならぬ日本帝国主義がアメリカ帝国主義との軍事同盟のもとに「すすめている」アジア各地への経済的進出を、そして、やがて実現されるであろう「国連軍」の名における軍事進出を阻止するための闘いを実現することが問題なのである。

この場合には当然のことながら、一方では、わが帝国主義支配階級の排外主義的イデオロギー、それが入管法という法的な形態をとって今たちあらわれているのであるが、こういうわが支配階級の排外主義的な諸政策に抗してたたかうとともに、このような日本帝国主義となんらたたかうことなく、議会主義的に、あるいは平和主義的に、さらに反米民族主義的に堕落している既成左翼ならびに毛沢東主義者との断固たる対決を推進していかなければならない。それだけでなく、現段階においては毛沢東主義者に迎合し、彼らの民族主義を批判するどころか、それにのめりこみつつ「抑圧民族としての自覚にふんまえた運動を推進しなければならない」という、いわゆる「被抑圧民族」の民族主義におもね迎合した民族主義的な闘い、ブクロ＝中核派を先頭とする反代々木左翼のこうした民族主義的な堕落をもイデオロギー的に暴露し、彼らの運動、入管法闘争の民族主義的な歪みをのりこえていかなければならないのである。

時間の関係上、これ以上詳しく論じることができない。

ブクロ＝中核派の入管法闘争にかんする方針を批判する場合におさえておくべき事柄を簡単に要約するならば、まず第一に、現代帝国主義の古典的帝国主義から区別されるゆえんのものがまったくつかまれていないということ。簡単にいうならば、対ソ連圏の軍事戦略、それの経済的な攻撃にたいする反応として彼らの新植民地主義的な政策がうちだされているのだ、ということがまったく無視されているということである。

そして第二には、後進国・植民地における民族解放闘争と、本国における階級闘争の機械的結合の立場にたっている。これは二つの闘争の結果解釈論であり、スターリニストのそれとまったく同じものなのである。そのうえにたって、「本国におけるプロレタリアートの任務と植民地・後進国における被抑圧民族の課題とは異なるのだ」などということを論じながら後進国における民族解放闘争それ自体の二段階戦略論的な歪曲を暴きだすことなく、第一段階としての民族解放闘争にプロレタリア革命というものを接ぎ木しているにすぎない。彼らの後進国・植民地革命路線は、スターリニストのそれとまったく同様であるが、ただ違う点は、「永続革命」という言葉をスターリニストの路線に接ぎ木しているにすぎないということである。

このようなブクロ＝中核派の入管法闘争をささえているスターリン民族理論の直接的あてはめの問題をわれわれは公然と暴露しなければならない。そして、これにふんまえつつ、ただたんに情勢分析が間違っているだけでなく、彼らがブルジョアあるいはブルジョア的、あるいはスターリニスト的に歪められた民族解放運動なるものをのりこえていく闘いをなんら組織しないということである。まさしくこのゆえに、植民地・後進国における人民の革命闘争と本国におけるプロレタリアの階級闘争の結合を構造的にとらえ推進することができなくなっているのである。

全学連の諸君！

現段階におけるわれわれの党派的なイデオロギー闘争を推進していくべき三つの中心課題について、われわれは簡単に述べてきた。とりわけ第二の海老原虐殺問題にたいするイデオロギー闘争を果敢に遂行し、彼らの組織的解体を促進しなければならない。このためには、入管法闘争のまっただなかにおいて赤裸々に暴露されたブクロ＝中核派を先頭とする一切の行動左翼の民族主義的な偏向、「被抑圧民族」なるものへの「迎合」主義を公然と暴露し、弾劾し、のりこえていく闘いを断固推進していかなければならない。それは、われわれの安保＝沖縄闘争の果敢な推進の一環として推進されなければならない。

われわれの闘争課題は、反戦・反安保・沖縄闘争の敗北の経験をかみしめつつ、今後もまた反戦・反安保・沖縄闘争を断固として推進していくところにこそある。

終り。

（一九七〇年九月二十四日）

# 沖縄の仲間たちへ

――階級決戦主義者の屍をのりこえて前進しよう――

満場の諸君!

戦後二十数年、アメリカ帝国主義の軍事的支配のもとにおかれている沖縄の地において、この帝国主義的くびきからみずからを解き放つために、反戦・沖縄・反安保の闘いを断固としておしすすめ、いままた、11・17佐藤訪米阻止の闘いを目前にひかえて、新たな決意をかためつつ結集したすべての労働者・学生諸君!

11・17佐藤訪米阻止の闘いは、いまや目前に迫った。この闘いを沖縄・安保反対闘争の一つのピークとして、われわれは断固としてたたかわなければならない。この闘いの前段としてすでに、われわれは、10・21闘争を果敢に大衆的にくりひろげてきた。

この沖縄においては、マルクス主義者同盟とマル学同を先頭とした、革命的な学生運動と反戦青年委員会の闘いがくりひろげられた。本土では、わが革共同・革マル派に指導された全学連の三千におよぶ部隊をもって、大衆的にかつ戦闘的に、一切の行動左翼主義的諸党派の自己目的化されたゲリラ闘争の珍奇な形態をのりこえつつたたかわれ、彼らの「階級決戦」主義にもとづく大破綻を現実化させたのであった。

いうまでもなく、この10・21国際反戦デーに、あらゆる党派はその全組織的力量をかけてとりくんだ。まさにそうすることによって、すべての左翼諸党派は、その組織の本質を、その組織の誤謬を赤裸々に自己暴露しながら、あるいは壊滅させられ、あるいは議会主義の枠のなかに流れこんでいった。わが革共同・革マル派を中心とした全学連と反戦青年委員会の部隊は、既成左翼の内部における闘いとともに、革命的な独自な闘いをも、しかも大衆的な規模でたたかいとったのであった。

一九七〇年という決定的な時点において、そして七〇年代においてくりひろげられるべき安保反対・沖縄奪還闘争の突破口は、まさに一九六九年十一月の佐藤訪米の時点においてきりひらかれなければならない――このように呼号していた行動左翼諸集団、および反代々木の武装蜂起主義的な諸集団は、この〝決戦〟の時点なるものを一か月くりあげて、10・21闘争にそれを設定した。

反代々木の行動左翼主義的および武装蜂起主義的な諸集団は、この10・21闘争にむけて、その全組織的力量をかけてたたかった。機動隊の壁の厚さということを唯一の理由としながら、自己の闘争形態と戦術をエスカレートすることのなかに左翼たることのあかしをみいだしていた一切の行動左翼諸集団は、絶対的に欠くことのできない闘争主体の絶えざる組織化の彼岸において、闘争主体の組織化をたなあげにして、ただただ武器を自己目的的に磨きあげることしか追求しなかった。まさしくこのゆえに彼ら「決戦」主義者どもは、エスカレートさせるべき武器そのものをもつくりだすことができず、ただもっぱら自己の肉体を弾丸として機動隊の壁のなかに突入し、しかも、基幹産業の労働者をもふくむひと握りの労働者を敵権力のエジキに供したのであった。これが「十月決戦」を呼号し、それに全勢力をあげて突入し破産した、わがブクロ＝中核派の惨めな今日の姿なのである。

もちろん、「十・十一月決戦を革命戦争として闘わなければならない」ということは、ブントのなかの赤軍派によって提起されはした。この赤軍派の方針をはじめはあざわらっていたケルン・パー〔中核派〕どもは、パラノイア症のために東京拘置所に入院中の本多延嘉こと武井健人に恫喝されて左転回をやってのけ、赤軍の後塵を拝して、急きょ「十月武装蜂起」の方針をかため、その戦線のたてなおしをはかった。けれども、その理論的基礎づけはまったく欠落していた。彼らはただもっぱら、一九〇五年段階において若きレーニンがうちだした種々の論文を超時代的に把握し、それを今日の日本の現実に、二十世紀後半の国家独占資本主義を変革すると称して直接にあてはめるというドン・キホーテぶりを発揮しながら、下部の同盟員ならびに一般大衆にさえ呼びかけて、自己の肉体を弾丸として突っこむべきことのみを道徳主義的に流しこみ、かつ労働者・学生にそれを実践するように強制したのであった。

たとえば、ブクロ官僚どもは、彼らのもとに系列化された反戦青年委員会の周辺にいる、弱いシンパ的ともいえないメンバーにたいして、彼を暗い部屋に入れ、〝お前は十月の段階で死ぬ気持があるか、十月の階級決戦に決死の覚悟で突進する覚悟があるのか〟というようなことを呪文のようにくり返し、決死の覚悟でたたかう〝決意〟のみをうながすというオルグならぬ洗脳を、あるいは催眠術的な「オルグ」つまり折伏(しゃくぶく)をおこない、そうすることによって労働者反戦青年委員会のわずかばかりの部隊をつくりだし、そしてこのような催眠術にひっかかった一部の悲劇的な労働者たちを10・21闘争のまっただなかでストリップさせ、敵権力にすべてをもっていかせたのであった。

だが、このようなやり方は、はたして前衛党のなすべきことであろうか？　決してそうではない。

そもそも、パラノイア症にかかり、「階級決戦」を呼号しさえすれば階級決戦が実現しうるであろうというように錯覚し妄想している今日のブクロ＝中核派——彼らは一九〇五年のモスクワ武装蜂起の教訓にかんする若きレーニンの展開に全面的に依拠し、しかもそれを無媒介的に今日にまでもちこもうとしているのであるが、しかしこれは、まったくレーニンの理論展開にかんする誤読にもとづいている。いや、それをそもそも理解できないような頭脳構造に、今日のケルン・パーどものすべてが変質してしまっているといわなければならない。

いうまでもなく一九〇五年の革命の時点においては、ツァー専制のもとに呻吟していたロシアの労働者・農民の巨万の大衆が武装蜂起に起ちあがっていた、まさにかかる条件のもとで、いかに革命闘争を実現していくかということをレーニンは追求していたのであった。しかもその場合のレーニンは、明らかに、『民主主義革命における社会民主党の二つの戦術』というパンフレットで展開されているような労農民主独裁論の視点から、「臨時革命政府＝武装蜂起の機関」を樹立するというかたちでの追求をしていたのであった。ところが、このような主客両条件、――一方ではロシアの巨万の労働者・農民が武装蜂起に起ちあがっているという条件、他方ではレーニンの前衛党の現存とその戦略戦術の労農民主独裁論的な性格、この二つを明確に場所的に・現在的にとらえかえすことなく、ただただ武装蜂起の形態のみを猿真似したのが、今日のブクロ＝中核派なのだ。まさしくこのゆえに彼らパラノイア的「決戦」主義者は、10・21闘争をたたかうことをつうじて同時に、自己組織の壊滅をもたらさなければならなかったのである。

たしかにブクロ官僚どもは、今日でもなお「指導部は現存しており組織は崩壊してはいない」というように空いばりしている。けれども、実際には、手も足も出ないダルマ同然の事態に彼らはおとしいれられているのである。武装蜂起を主観的に願望し革命を夢想していたブクロ＝中核派の今日の姿は、まさにインポテになったダルマ集団といわなければならない。「首都制圧、首相官邸占拠」などというスローガンを掲げ、武装蜂起を夢想していたけれども、しかしその夢を実現することができずに、インポテ・ダルマ集団にまで転落してしまったブクロ＝中核派。彼らは、なぜ、このような主観的願望・夢想を実現しようとするのであろうか？

もちろん今日の世界情勢が、アメリカ帝国主義のベトナム戦争の敗退とドル危機に象徴されるように、きわめて大きな激動と混乱の時代に突入しつつあることは、確かである。まさにこのゆえに、彼らブクロ派のイカレポンチどもは、ひと握りの労働者と学生がふんばるならば必ず革命が実現でき、そして日本における反帝・反スタ革命はアジアにおける革命の突破口たりうるのだ、というように主観的に信じこんでいる。しかも革命が勝利するまではつねに必ず階級闘争は敗北に終るのだ、というような諦観によって、自己の主観主義をも隠蔽しつつ、10・21闘争にたいしてケルン・パー軍団は、おのれの肉体を弾として突っこみ壊滅したのであった。

だがわれわれは、わが反スターリン主義運動からの脱落分子ばかりでなく、行動左翼諸集団のすべてが好んでもちいるマルクスの言葉を、第一インターナショナルの言葉を、想い起こそうではないか。――革命とは労働者自身による解放の事業である、と。まさに現代のプロレタリア革命は労働者階級の自己解放をめざした闘いなのであり、まさしくこのゆえに労働者はみずからを組織化していかなければならない。この労働者階級の階級的自己組織化の彼岸において、どのように革命を願望し、革命を意図しても、それは決して実現できないのである。

第一インターナショナルの時代において、マルクスは少数精鋭主義のブランキーとその一派にたいする闘いを断固としておしすすめ、またアナキストのグループとの闘いを、バクーニン主義との闘いを仮借なくくりひろげてきた。現代のブランキスト、反代々木行動左翼諸集団や、アナキズムないしサンディカリズムへの傾斜をしめしているさまざまなノンセクト・ラディカルズにたいするわれわれの革命的批判は、まさにブランキーやバクーニンなどとの闘いを遂行してきたマルクス、エンゲルス、レーニンの伝統を受け継ぎつつ、これを場所的に実現する以外の何ものでもない。現代革命の主体の絶えざる組織化の彼岸において、どのように闘争形態のエスカレーションを追求しようとも、それはテレビの材料になるだけであって、革命の実現とは縁もゆかりもないのである。

こういうイロハを、なぜ今日の時点において、反代々木行動左翼ならびに武装蜂起主義的な諸集団が完全に忘れてしまっているのであろうか？

いうまでもなく、一方では、国家独占資本主義段階における独占ブルジョアジーの思想的・組織的なしめあげによって労働者階級が全体としていわゆる「体制内化」されていること、そして他方では、ほとんどすべての労働者の現存秩序への編みこみを補完するかたちで既成左翼とりわけスターリン主義党や社会党が反労働者的な改良闘争にうつつをぬかしていること、――この二つの条件によって、自己解放をめざしてたたかうべき労働者階級は完全に眠りこまされているのだ。このような事態を内側から根底的に変革することこそが、わが革命的左翼の中心課題でなければならない。

ところが、いわゆる「体制内化」されてしまうような社・共の闘い、沖縄の地における人民党や社大党［社会大衆党］のような闘いではなくして、まさに「体制を変革することを志向した闘いを追求しなければならない」という名のもとに、既成の労働運動の外部にとびだすことをもってあたかも革命的であるかのように錯覚しているのが、今日の反代々木行動左翼諸集団にほかならない。だが、こうしたいわゆる〝ハミダシ左翼〟のような闘いは、歴史的過去においてプロレタリア階級闘争がしばしば経験し、そしてその破産が歴史的に確認されてきたところのものではなかったか。

しかるに、今日の反代々木の一切の武闘主義者どもは、このような歴史的にすでに破産した事柄を、二十世紀後半の現代日本において再現しようと夢想し盲動しているほどの愚かな輩なのである。このような愚かな輩にたいして、われわれは運動上でのりこえつつ断固としたイデオロギー的および組織的な闘いを今こそ激烈に展開しなければならない。

ところで、10・21闘争において破産したのはブクロ＝中核派やブント赤軍派だけではなかった。もっとも赤軍派というのは、10・21闘争のずっと以前に、大菩薩峠で最後的に国家権力そのものの手によって壊滅させられてしまった。が、とにかく、こうした武装蜂起宣伝集団だけが10・21闘争において自己破産を現出したのではない。

ほら吹きの、クチブゥチャの武装蜂起集団に右翼的に反撥しつつ、生産点において山猫スト、拠点ストを実現すべきだということを、資本のがわと既成左翼とによって眠りこまされている労働者階級の外部から、労働者階級の闘いとはまったく無縁な地点で虚ろに宣伝していた共労党内モモンガー一派やブント戦旗派などもまた、10・21闘争において自己破産を演じたのであった。

すなわち、たとえばブント主流派といわれている部分は、山猫ストの拠点として大阪中電を設定したのであったけれども、そこでは、わずか三人の、しかも首を切られた労働者が、職場のまっただなかにおいてではなく門の前で乞食のような坐り込みをやったのであった。いや、それは乞食以下的でさえあった。実際、この坐り込み闘争を支援する部隊も、ほとんどまったくいなかった。それは線香花火以下的な、極めて珍奇な拠点スト、つまり〝虚点スト〟でしかなかったのである。

ところで、10・21闘争においては「全国十拠点スト」を実現しなければならないということを、あれほどまでに力説し、あれほどまでに宣伝していた共労党は、どうであったか。自己の組織をかけてストライキを実現すべき拠点を、彼らは、そもそも創りだしていないことを自己暴露し、クチブゥチャたるの実をしめしたのである。いや、わがモモンガー一派は、その名のごとく、労働者階級の上を飛びまわり、ブンブク茶釜〔ブントとブクロ＝中核派の連合〕のまわりをわたり歩いているにすぎない腐敗分子の寄合い所帯でしかないのである。拠点となるべきような組織を少しもつくりだしていないにもかかわらず労働者階級にたいして外から「拠点スト、山猫ストを実現すべきだ」ということを官僚主義的に命令することしかできない、そのような集団が、すなわち共労党、共産主義労働者党という名の労働者のいないモモンガー一派なのである。

ところで、この山猫ストが実現できないということが分かりはじめた九月上旬の段階ですでに、わがモモンガーは、戦闘的な労働者たちが日常的にくりひろげている諸活動、たとえば職場でのビラはり闘争などもまた「拠点ストの萌芽形態である」などと言いだす始末であった。しかも、職場に根をはる必要もない、いや根をはることができない今の反戦派労働者なるものに、彼らは「一人でもゲリラ戦士としてたたかえ」というようなことさえも強制していたのであった。だが、じっさいには、モモンガー一派は、たった一人のゲリラ戦士をもつくりだすことができなかったほどなのである。

われわれは、科学的な知性を働かせ、大言壮語をくり返しているにすぎない反代々木武闘主義的左翼諸集団やクチブゥチャのモモンガー一派とか、戦旗派とかのデタラメさについての認識を深めなければならない。

このように、「武装蜂起」を呼号しながらも実は武装闘争を捨ててしまったという意味での〝武装放棄集団〟に転落し、しかもいまや国家権力によってダルマ同然にされてしまったブクロ=中核派や赤軍派。また、労働運動のイロハもわきまえずただ文学者的な直感から「山猫ストを敢行すべきだ」ということをくり返しくり返し主張することしかできず、そして10・21闘争以後の現時点においては完全に消耗しきっている自己の心情を吐露しても決して恥ずかしさを感じないモモンガー一派や戦旗派。――このような、「新左翼」と自称してはいるが旧態依然たる反代々木諸集団のごまかし、その誤謬について、われわれは現時点において徹底的に反省し、みじめな破産を自己暴露した武装蜂起集団や行動主義的諸集団の屍をのりこえて、11・17闘争にむけてわれわれの戦列をうちかため、われわれの組織的な力を拡大し、われわれの闘いを準備しなければならない。

反戦・沖縄・安保反対闘争をたたかってきた労働者・学生諸君！

われわれは、ここで、革命運動とは何か、それは現在的にはどのように推進されるべきか、ということについて、簡単にもう一度反省しておく必要があるであろう。

革命は、それを志向するものの主観的意図によって実現されうるものでは決してない。革命は、それを遂行する主体の絶えざる組織化を基礎としてのみ実現される。「世界革命はプロレタリアートの自己解放の事業である」というマルクスのこの言葉は、そのことを端的にしめしている。

しかも、われわれが闘いを展開しているのは、十九世紀のヨーロッパでもなければ、二十世紀初頭のロシアでも、「半植民地」の中国でも、またラテン・アメリカでもない。国民総生産世界第二位を誇る日本国家独占資本主義のまっただなかにおける革命が、われわれの遂行すべきところのものなのである。

このような高度資本主義社会における革命は、極めて困難なものである。困難なものであるからといって、この現存秩序から直接的にはみだしたり飛びだしたりすることをもってしては、しかし決して革命闘争とはなりえないのである。

ブルジョア支配階級、とりわけ独占資本家は、労働者階級を経済的に搾取し収奪しているだけでなく、イデオロギー的にも骨抜きにしつつ彼らの秩序のなかに編みこんでいる。しかも、このような労働者階級のいわゆる「体制内化」を社会党や共産党が「左」からささえている、というこの厳然たる事実の認識にふまえつつ、われわれの一切の闘いと組織化は実現されなければならない。ただたんにソコ存在する秩序にたいして反抗し叛逆し、それからはみでることをもってしては、根底的な自己解放をなしとげることはできない。しかも、左翼と称している社会党や社会大衆党、そして公認共産党としてのスターリニスト党やOPP（沖縄人民党）が現存しているのである。このような既成左翼との不断のイデオロギー的および組織的闘いを媒介とした、革命主体の絶えざる主体的な組織化を基礎とすることなしには、われわれの階級闘争も、いわんや革命闘争も、勝利にみちびくことは決してできない。

「勝利にむかってわれわれは試練にたたされなければならない」といった美名のもとに、ひと握りの労働者を権力のエジキに供することを、われわれは断固として拒否する。

労働者階級の闘いは、その戦線の内部に深く根をはることをつうじてのみ実現される、というこの絶対的な真理を、われわれは肝に銘じなければならないであろう。飛びだしたり、はね上がったり、はみだしたりすることは、新聞記事になりテレビの特ダネになるかも知れない。だがそれは〝ブラウン管左翼〟とわれわれが呼んでいるところのもの以外の何ものでもないのである。われわれは、労働戦線の深部において、合法闘争と非合法闘争とを、そしてまた非公然活動と公然活動とを有機的に結合しつつ、実現されるべきわがプロレタリア革命の主体を現在的・場所的に組織化していくことこそが、決定的に重要なのである。これが、わが革共同・革マル派の基本的な立脚点であり、そしてまた同時に、沖縄マルクス主義者同盟の基本的な立場であるべきはずのものである。まさしくこのゆえに、10・21闘争をつうじてわれわれは、われわれの組織を強化し拡大し、そして11・17闘争にむけての戦列をいま強化しつつあるわけなのである。

労働者・学生諸君！

諸君のなかの或る者は、こう言うかも知れない――革共同・革マル派が指導している全学連が本土で展開している事柄は、たとえダルマにならなくとも、ダルマ集団と同じようなことをやってきたのではないか、と。

たしかに、表層的に観察し現象面だけをみるならば、若干、武装蜂起のできない武装蜂起主義者どもと似たような闘争形態を、われわれがとっていないとはいえない。しかしながら、われわれと武闘主義的決戦主義者とは本質的に異なるのだ。

あくまでも戦術や闘争形態は、何を実現するのかという視点から、目的あるいは戦略との関係においてとらえかえされなければならない。手段はあくまでも目的のための手段であって、手段それ自体の自己目的化は腐敗につうじるのである。

反代々木行動左翼諸集団の場合には、戦術や闘争形態をば、敵権力と機動隊の装備のエスカレートに対応したかたちでエスカレートすることを自己目的的に追求し、そして、そのような機動隊の壁を破ることを、あるいは軍事基地などに打撃をあたえることをもって闘争の〝成果〟とし、また闘争の一つの決定的なメルクマールとしている。だが、これはまったくの誤謬である。こうした誤謬を、われわれは武闘オンリー主義とか打撃主義とかと表現しているのである。軍事基地とか首相官邸とか、或る一定の学園とか工場とか駅などにたいして、占拠やその他の方法をもって打撃をあたえることそれ自体が、目的なのではない。このような闘争をくりひろげることをつうじて、同時にそれを果敢にたたかった大衆を、労働者・学生を革命の担い手へと高め組織化していくことこそが、問題なのである。

このようなまったく当りまえの事柄を理解していない場合には、反代々木武闘主義左翼諸集団、ダルマ化した彼らの組織がやることを物真似するような馬鹿な輩もでてくるわけなのである。

そうではない。われわれはあくまでも、われわれの究極目的にむかって一歩一歩と革命の主体を組織化するための一つの形態として、武装闘争形態をも適用しているにすぎないのである。ところが、このような目的と手段との関係、あるいは戦略と戦術との関係を逆倒させて、手段を目的化し、戦術を、また戦術を大衆運動の場において実現する闘争形態それ自体をエスカレートすることを自己目的化する場合には、左翼なりと自任するものの腐敗が発生するのである。われわれはこのことを明確に確認しておく必要があるであろう。

ところで、或る者は言うかも知れない――こんにち日本で展開されている、いわゆる新左翼、反代々木行動左翼諸集団やべ平連のようなノンセクトの小ブルジョア急進主義者どもが展開している運動は、ただたんに日本における特殊的な事態ではなくして、世界的に普遍的な事態ではないのか。フランスにおける「五月革命」と称されるもの、中国における紅衛兵運動、アメリカにおける黒人叛乱、そしてラテン・アメリカにおけるゲリラ的な闘争、これらと同系列の運動がわが国でも推進されているのではないか、というように思う人がいるかも知れない。もちろん、おのれ自身の腐敗しきった過去にほおかむりしている小ブルジョア急進主義者どもは、彼らの運動にそのような意味を付与し、かつ実行しようとしているわけであるが、われわれは、こうした俗物どもの思想と行動とはまったく無縁である。

たとえば、いわゆるフランスの五月革命なるものは、フランスにおけるサンディカリズムの伝統に立脚しつつ、かつド・ゴール帝国の政治的経済的諸矛盾を物質的基礎として、あのような形に爆発したのであった。だが、それは完全に破産し、ふたたびド・ゴールとそれ以後のブルジョア権力のもとに労働者階級は編みこまれていったのである。このような事態について、われわれは明確に認識する必要がある。

また、アメリカにおける黒人叛乱は、いまや毛沢東の根拠地革命路線にのっとってゲリラ的な形態で実現されている。だがそれは、どのような成果を生みつつあるのだろうか。一般に高度資本主義社会においても、毛沢東主義の路線、根拠地革命路線が貫徹できるのであって、ラテン・アメリカでいま続行されつつあるゲリラ闘争もまた適用できるのだ、というように一部の観念的な武闘主義者どもは考えている。もちろん、一つの手段としてゲリラ闘争がたたかわれる場合もあるであろう。だがしかし、そのようなゲリラ闘争をもって真実の根底的な革命を実現することは決してできないのである。

今日の反代々木諸集団がしばしば珍奇な形で展開しているゲリラ闘争、基地にたった三人とか五人とかでとびこんで旗をふったり、あるいは先陣争い的に生産性向上本部にとびこんだりするといったやり方、その他種々の形態であらわれているのは、自己の組織の破産を隠蔽するための線香花火的な余興でしかないのである。われわれが或る一定の部面でゲリラ的な闘争を展開するとしても、それは、われわれが展開している大衆的な闘いにささえられているのであって、それ自体が目的なのではない。大衆的で戦闘的な闘いにささえられることのないゲリラ闘争は、無意味である。それはまさに線香花火以下的なものでしかないのである。

われわれは、当然のことながら、組織的な闘いと大衆的で戦闘的な運動づくりとは無関係なゲリラ闘争とその自己目的化を断固として拒否する。現時点におけるわれわれの闘いは、安保粉砕・沖縄解放をめざして、大衆的な規模でかつ戦闘的に展開することを運動上の直接的な目的として追求され推進されなければならない。それは現代革命の主体を形成し組織化するためのものである。そして、このような大衆的で戦闘的な闘いを展開するための一環として、その一つの表現として、種々の武装闘争もまた適用されるのである。われわれといえども、そういう場合を排除するのではない、というだけのことなのである。

核心的な問題は、われわれの闘いが、あくまでも国家独占資本主義段階におけるわれわれの解放闘争であるということの認識、そしてわれわれのこの闘いを、既成左翼ばかりでなく反代々木の旗を掲げた小ブルジョア極左盲動主義者どもからも加えられる破壊と攪乱から防衛しながら、同時にそれらのすべてをのりこえつつ推進しなければならないという点にこそある。

反戦・沖縄・反安保の闘いを推進し、そして11・17佐藤訪米阻止の闘いを断固としておしすすめることを決意して結集した労働者・学生諸君！

ここ沖縄のアメリカ軍事基地を飛びたったＢ52は、ベトナム爆撃に集中されている。この事態は、明らかにいまパリで続行されている平和会談の欺瞞性を如実にしめしているといわなければならない。それだけではない。いま、われわれの頭上をうなって飛んでいるＢ52は、水爆を装備している。そしてこれは、ソ連圏とりわけ中国にたいする偵察をおこなっている。沖縄がベトナム爆撃のための発進基地となっているだけでなく、水爆をのせたＢ52爆撃機が沖縄の基地を飛びたって中国やソ連の偵察をおこなっているというこの厳然たる事実が、今日この時に暴露されたということは、目前にひかえた佐藤―ニクソン会談そのものの欺瞞性を実質的にしめしている、といわなければならない。

すなわち、今日の佐藤政府は、「核ぬき・自由使用」というかたちでの沖縄の本土復帰を宣伝しているわけであるが、これは極めて欺瞞的である。軍事基地沖縄は、アメリカ帝国主義の対ソ連圏軍事戦略にもとづいた極東軍事体制の要石をなしている。このような沖縄を「核ぬきで返還する」などということは決してありえない。

アメリカ帝国主義者どもは、軍事機密にぞくするということを口実として、沖縄に核があるかどうかということについては言明できない、というようなことを口走っている。しかも、今回明らかにされたようにB52爆撃機それ自体が水爆を積んでいる。かかる事態は、明らかに核軍事基地沖縄が、アメリカ帝国主義にとっての決定的に重要な地位をしめていることをしめすばかりでなく、やがておこなわれるであろう佐藤－ニクソン会談そのものの欺瞞性を現実にしめしているものにほかならない。実質的には明らかに、核基地がついたまま、しかも自由使用というかたちでの返還、この欺瞞的な返還を、佐藤は「核ぬきである」などと、さらに輪をかけた欺瞞的言辞を弄するであろう。このような内実でもたれるであろうところの佐藤－ニクソン会談にたいしては、われわれは断固とした反対闘争を果敢にくりひろげなければならない。

しかるに、既成左翼諸政党、とりわけ沖縄人民党や社大党、あるいはこの沖縄ではまったくチッポケな社会党などは、闘争放棄を合理化するようなスローガンしか掲げていないのである。なぜならば、「佐藤は県民の要求を代弁するようなかたちでの交渉をおこなっていないから反対する」というような消極的な態度を、これらの諸党派はしめしているにすぎないからである。実質的には明らかに「核基地つき・自由使用」というかたちで交渉が進められるであろうことは、分かりきっているのである。このような交渉しかおこないえないであろうところの佐藤の訪米にたいして、われわれは断固とした闘いをくりひろげなければならない。

ところが、復帰協〔沖縄県祖国復帰協議会〕に結集しているいわゆる社大・人民のような既成左翼諸政党は、「佐藤訪米の意図」に〝抗議〟したり、「佐藤訪米の意図」に〝反対〟したりすることをもって、沖縄闘争であると考えている。これはまったく欺瞞的なものである。

あるいは、「祖国復帰ということは非常に重要なことである、佐藤はその意味でアメリカを訪問するのであるからして、訪米すること自体に反対すべきではない」というような声も聞かれる。これは明らかに「祖国復帰」優先の思想をあらわしているのだけれども、軍事基地そのものについては判断を停止していることも明らかである。「佐藤の訪米の意図に反対する」とか、「県民の要求を代表していないような交渉しかなされないであろうから訪米に抗議する」とか、といったかたちで表現されている、既成左翼諸党派によるふやけた反対闘争に、われわれは断固たる弾劾の嵐を、イデオロギー的にも運動上でも展開することが絶対に必要なのである。しかもこの「核基地つき・自由使用」という形態での沖縄返還の策動を現実にくりひろげている佐藤の政策に反対するだけでなく、いまなおベトナムにむけてB52爆撃機が発進し、そしてまた水爆を積んだB52が飛びたっているところの軍事基地そのものの撤去をめざした反戦の闘いを、われわれは不断に推進しなければならない。

しかも、一九七〇年六月二十三日を期して日米安保条約という名の日米の帝国主義的軍事同盟は自動延長される、ということになっている。まさにこのような安保条約にたいする反対闘争をも、沖縄の地において場所的に追求するとともに、これを、祖国復帰運動をのりこえていく闘いと結合することが絶対に必要である。安保条約そのものは沖縄には現在適用されていないから、それに反対するわけにはいかない、といった意見が誤りであるばかりでなく、「沖縄は日米安保同盟政策の実体的支柱であるがゆえに安保反対である」というようなケルン・パー的理由づけにも、われわれは反対である。

日米安保条約の実質的強化は明らかに核基地がついたまま沖縄の施政権が日本政府に返還されるということを踏み台として実現されるのであるからして、「核基地つき沖縄返還」という政策と、「日米安保同盟の強化」という政策とは、まさに表裏一体の関係をなしているのだ。

まさしくこのゆえに、われわれの沖縄闘争はイコールス安保反対闘争でなければならない。沖縄闘争と安保反対闘争とを直接的に統一したかたちでわれわれは推進しなければならない。しかも、今日の沖縄は「軍事基地沖縄」なのであって、現存している軍事基地そのものを最終的に撤去することをめざした闘い、反戦闘争と結合して沖縄＝安保闘争は推進されなければならないのである。

沖縄におけるこのような、沖縄＝反安保闘争と反戦闘争との結合にもとづく革命的な闘いに呼応しつつ、日本本土においても反戦・反安保・沖縄闘争は有機的に結合されつつ、すなわち内容的にも形態的にも結合されつつ、しかも安保反対闘争は直接的に同時に沖縄闘争として推進されてきたし、また現にそうである。

10・21闘争も、そしてまた11・17佐藤訪米阻止の闘いも、いずれも反安保＝沖縄闘争であると同時に、これまでわれわれが展開してきた反戦闘争と結合したかたちでの大衆闘争としておしすすめられている。われわれのこのような闘い、反戦闘争・沖縄闘争・安保反対闘争などを有機的に結びつけたわれわれの闘いを推進していく場合、現時点的に必要な事柄は、次の諸点である。

すなわち、まず第一に、「今われわれの頭上を飛んでいる水爆を積んだB52は危険である、だからこれに反対しなければならない」というような素朴な意見のもちぬしをも、もちろんわれわれのがわに結集していかなければならない。単なるヒューマニズム的な観点からB52に反撥するということは、もちろん限界をもっているとはいえ、そのような即自的なヒューマニズム的な反撥をしめしている人びとをも、われわれの反戦闘争のもとに結集していかなければならない。そして彼らに、単なるヒューマニズム的な反対の限界を自覚させなければならない。なぜ沖縄に軍事基地が厳として存在しているのか、それをめぐって国際情勢の把握を、そしてかかる状態がうみだされている法的な根拠を彼らに自覚させつつ、反戦闘争の担い手から、さらに祖国復帰運動ではなくしてまさしく沖縄闘争の革命的推進の担い手へと、彼らを高め組織化していかなければならない。

この意味において第二に、この沖縄の地においても安保反対闘争が革命的に大衆的に推進されなければならない根拠を、明確につかみとるためのイデオロギー闘争がなされなければならない。

サンフランシスコ条約第三条によって日本本土からきりはなされ、アメリカ帝国主義権力者の直接的な軍事的支配のもとにおかれている沖縄をもふくめた日本全体を「安保体制」というかたちでとらえ、そして日米安保条約が自動延長されるということはこの「安保体制」がますます強化されることになるのであるから、それに反対しなければならない、といった単純な理由づけの誤りをも、われわれは暴露していかなければならない。そしてまた、こうした代々木共産党や人民党のような把握のしかたと同様に、軍事基地沖縄を「日米安保同盟の実体的支柱」というように単純にとらえ、まさにそれゆえに反対しなければならないとするブクロ＝中核派のような単純素朴な〝闘牛的〟な考え方から、反対闘争を展開すべきでもないのである。

われわれは、現存在している沖縄の軍事基地が、どのような法的根拠によって正当化されているかということを明確につきだすと同時に、対ソ連圏の軍事戦略の重要な一環として日米軍事同盟が結ばれているということこの厳然たる事実を明確に理論的につかみ、そうすることによってわれわれの沖縄＝安保反対闘争の骨組みをしっかりつかまなければならないのである。そうしなければ、なぜ今日の沖縄において、安保条約がまだ適用されていないこの沖縄において、同時に反安保闘争が展開されなければならないか、ということの根拠をつかみとることができないからである。核基地がついたままで、かつ自由使用というかたちで、沖縄の施政権を日本政府に返還するということをステップとしながら、日米軍事同盟が実質的に強化される、つまり核兵器が日本本土にも公然ともちこまれ、全体として日本本土および沖縄が核基地となる、ということの事態を阻止するための闘いの一環として、われわれの安保反対＝沖縄闘争は推進されなければならない。

そして第三に注意すべき事柄は、いうまでもなく祖国復帰路線から徹底的に訣別するためのイデオロギー闘争を遂行することである。

わが革命的左翼は、すでにＯＰＰや社大党、要するに復帰協に根づよくこびりついているところの、ブルジョア民族主義的ないし反米民族主義的なかたちでの祖国復帰運動を弾劾し、のりこえ、果敢にたたかってきた。ところが、そのような構造についてまったく無視して省みなかった反代々木諸集団は、既成左翼と同様に、「祖国復帰」とか「沖縄奪還」とかいった、ものとり主義的なスローガンを掲げて運動を展開してきた。ところが、佐藤がいまや沖縄の返還を熱心にアメリカ帝国主義者にお願いすると同時に、アメリカ権力者も欺瞞的なかたちで施政権を佐藤政府に返すための政策をとりはじめたことからして、なんの理論的ほりさげも、なんの理論的な反省もなすことなく、「祖国復帰」あるいは「沖縄奪還」というスローガンをおろしてしまった無節操なモモンガー一派、戦旗派、社青同などがあらわれている。沖縄においては祖国復帰というようなナショナリズムでは運動ができない、だから「祖国復帰」とか「沖縄奪還」とかというスローガンは掲げることができない、――ということより以上のことを彼らは言明できないのである。われわれは、このような反代々木づらをした小ブル急進主義者どものゴマカシを根底的に暴露しつつ、運動上でも組織的闘いにおいても彼らをのりこえていく必要がある。

いまここで詳しく論じることができないけれども、これまでにもわれわれは、既成左翼のブルジョア民族主義的あるいは反米民族主義的な祖国復帰運動を弾劾し、それを理論的に暴きだしてきた。そしてこのような祖国復帰運動をのりこえ、サンフランシスコ条約第三条破棄をつうじての、沖縄人民解放をめざした闘いを推進してきたのである。

このような沖縄闘争、安保反対闘争、究極的には軍事基地撤去にまで突き進まざるをえない反戦闘争、これらを有機的に結合してきたわれわれの闘いを、11・17佐藤訪米阻止の闘いに集約することが絶対に必要である。

11・17佐藤訪米を直前にひかえてわれわれは、10・21闘争において大パンクを演じた反代々木の一切の行動左翼の屍をのりこえて、われわれの大衆的にして戦闘的な闘いを断固としておしすすめなければならない。単なるテレビ用のケルン・パー的運動を展開することが、われわれの目的なのではない。沖縄人民の根底的な解放をめざした闘いを場所的現在において遂行することこそが、われわれの課題である。11・17闘争はまさにそのようなものとして位置づけられ、大衆的な規模でかつ戦闘的に展開されなければならない。

11・17佐藤訪米阻止を、まさにこの沖縄において断固としてたたかうことを決意して結集した革命的労働者・学生諸君！

10・21闘争において、自己破産を赤裸々に自己暴露し、手足のでないダルマ同然となった反代々木武闘主義行動左翼集団の屍をのりこえて、われわれは佐藤訪米阻止を果敢にたたかわなければならない。

サンフランシスコ条約第三条の破棄をつうじて沖縄人民の解放をめざした闘いへの巨大なワン・ステップとして、われわれは、11・17闘争に大衆的に原則的に、かつ戦闘的に、柔軟にとりくもうではないか！

（一九六九年十一月四日）

# マルクス主義入門 全五巻

## 第一巻 哲学入門



## 第二巻 史的唯物論入門



## 第三巻 経済学入門

## 第四巻　革命論入門



## 第五巻　反労働者的イデオロギー批判

黒田寛一（くろだ かんいち）
1927年10月20日　埼玉県秩父町に生まれる。東京高等学校理科乙類中退。『ヘーゲルとマルクス』（1952年、理論社）を処女出版。1956年のハンガリー労働者蜂起・ソ連軍の弾圧事件と対決し、反スターリン主義運動を創造、1996年まで日本革命的共産主義者同盟全国委員会議長。2006年６月26日逝去。
『実践と場所』全三巻、増補新版『社会の弁証法』、『日本の反スターリン主義運動』全二巻、『変革の哲学』、『マルクス主義の形成の論理』（以上、こぶし書房）、『マルクス ルネッサンス』、『疎外論と唯物史観』（以上、あかね図書販売）など著書多数。

マルクス主義入門　第五巻
**反労働者的イデオロギー批判**

2019年９月21日　　初版第１刷発行

講述者　黒田寛一
編　者　黒田寛一著作編集委員会
発行所　有限会社　ＫＫ書房

〒162-0041
東京都新宿区早稲田鶴巻町525-5-101
振替　00180-7-146431
電話　03-5292-1210
FAX　03-5292-1218
URL　http://www.kk-shobo.co.jp/

定価はカバーに表示してあります。


ISBN978-4-89989-110-9